上班不囧——職場必備法律常識

馬靜如◎著

（作者版稅全數捐贈「台北市瑞安扶輪社生命橋樑公益基金」）

謹以此書獻給我的父母，

以及扶養我長大的外婆周陳碧蓮女士

【推薦序】
與台灣企業及勞工一起成長

陳玲玉（國際通商法律事務所主持律師）

　　企業因股東投入資金而設立，因員工的智慧與辛勞而成長。沒有勞方賣力，資方無從獲利；沒有資方出資，勞方就沒有工作及發揮才智的機會。所以，勞資雙方應是共生共榮，必須互相體諒、精誠合作，才能互蒙其利。

　　隨著台灣經濟的成長，勞工權益也日益受到重視。政府所制定的勞工法令，是從規範勞動雙方權利義務的勞動基準法著手，隨著社會變遷與科技發展，勞工法令亦與時俱進，不但納入了性別工作平等、個人資料保護、競業禁止等觀念，近年來勞動三法的修訂與實施，更進一步針對工會運作、團體協約之簽訂及效力，以及不當勞動行為之防止與救濟等等，給予制度化。

　　面對越來越健全的勞工相關法令，不論是雇主或勞工，都有必要詳加了解。對勞工而言，知悉「全職涯」的權益，才能在公司易主或企業合併時安身立命，並在「尊嚴勞動」的職場環境中持續發揮所長。對於雇主而言，洞察勞工法規，才能準確評估人力成本、有效留住人才，以全力衝刺業績。

基於上述考量，本書即以「全職涯」之觀點，從勞工踏入職場開始，設想勞工可能面對的種種權益問題，諸如：僱傭期間應採定期或不定期？是試用或正職？採取年薪或月薪？工時制度係採責任制或按工計酬？白領階級的薪酬是否包括認股選擇權？員工如何因公司併購而裁減、因不能勝任而個別資遣，或因營業縮減而大量解僱？資遣費、退休金及其稅捐各該如何計算？以及勞資爭議如何面對及處理等等，全面予以深入淺出的析述。

本書也將員工工作成果之智慧財產權歸屬、職業安全衛生，甚至性騷擾、侵占公款、洩密、侮辱誹謗等種種實況，以故事情節逐一舉例說明。

在解答上述各種形形色色的勞工問題時，作者在每篇文章中皆從勞工的訴求及公司人資部門的處理兩個面向，直接而明確地提供法律意見及律師叮嚀，並摘錄相關企業人的心得與建議。綜觀本書，可說是一本包羅萬象的企業勞工寶典。

本書的發想與編著，首應歸功於「國際通商法律事務所」的資深合夥人馬靜如律師。「國際通商」創立於1975年，為全球最大法律事務所Baker & McKenzie在台灣之成員，是一家多元化的綜合性法律事務所，為國內外的客戶提供台灣法律服務，屢屢被國際間深具公信力之《錢伯斯亞太指南》（*Chambers Asia-*

Pacific）、《亞太法律服務評鑑五百強》（*The Legal 500 Asia Pacific*）和《*IFLR 1000*》評選為台灣最頂尖的法律事務所。

有鑑於人才是企業生存與成長的基石，企業主不能不正視勞工法令並解決勞工問題。「國際通商」因此於1991年設立勞工部門，指派馬靜如律師負責其事，並且有計畫地將全事務所受任承辦的勞工案件全部交由她主導，忽焉已逾二十年。

日積月累的勞工案件，使馬靜如律師練出一身功夫。她不只成為業界著名的勞工法專家，更經常到美僑商會、歐洲商會演講勞工法令，也協助企業界向政府部門傳遞雇主對人力管理與法令遵循的需求與困境，成為業界與政府間的橋樑。她更不時在媒體發表結合法令與實務之專論，宣導勞工法規不遺餘力。

本書是馬靜如律師與「國際通商法律事務所」多位律師攜手服務公益的另一個獻禮。受僱的勞工可藉由這本書了解從入職到退休可能面臨的職涯大小事；而企業主與人事管理部門，則可從本書獲悉如何面對勞工、禮遇勞工。

這本書不僅驗證了馬靜如律師及「國際通商法律事務所」勞工部門的律師們，二十多年來在學理與實務中成長茁壯，也彰顯出台灣從保護本土勞工進展到照顧跨國企業勞工的法制沿革。何其有幸，我們與台灣的企業與勞工一起成長！

【推薦序】
小故事有大道理

黃瑞明律師（國際通商法律事務所所長）

　　猶記得二十六年前，馬靜如律師加入本所三年後獲得事務所獎學金，至美國柏克萊大學法學院拿了碩士回國，繼續致力於勞工及聘僱（Labor & Employment）的專業領域。當時勞基法剛施行不久，一般人對勞動法案件的印象，不外就是資方與勞方間的爭議。然而二十多年來，台灣產業環境歷經重大變化，原本以工廠生產為主的製造業逐漸出走，而服務業比重增加；過去為了吸引外人投資生產的加工出口區已不復見，漸漸改為專供高科技研發的科學園區。台灣企業也開始將觸角伸向海外，到海外進行併購。產業環境的變化，自然帶動新型態勞動與聘僱關係。對海外勞工保護法令的理解，已成了海外併購能否成功的主要課題。而隨著智慧財產權概念之興起，員工與公司間有關工作發明之權益分配，以及高科技人才被挖角爭議，也成為跨越勞基法與智財法的領域。勞動法的領域已不限於傳統勞資爭議，而成為具有跨領域、兼具人力資源整合等特色的領域。

　　要處理這類型的案件，不僅需要明快果斷的毅力，更多時候需

要的是溫柔與說服的本領，而馬律師正好兼具此二特色。馬律師率領事務所內的同仁在此領域內處理各種不同類型的案件，都能夠達成委託人交付的使命。二十年間無論在併購案中與工會領袖協商談判，或爲被性騷擾的員工平冤出氣，或爲被敵手挖角的洩密案發動司法追索，都可以看見馬律師及其團隊努力的身影。

馬律師以她自己親身處理過的案例爲背景，改編成故事後附上法律解說，並加上實務界人士的經驗分享後集結出書，代表的不僅是馬律師及國際通商同事努力的心血，更可由這些案例中，讀出台灣社會變動的軌跡，以及勞動法學界試圖在保護勞工與企業發展間尋求平衡的努力。

台灣企業要持續發展，勞工與企業應該不是對立的，而是互利互補。而企業要能夠長遠發展，也必須注重培育與維護人才，其實在員工分紅入股制度盛行後，傳統勞雇間的界限已不復明顯。

本書不僅對一般上班族是有用的參考書，對於企業內的人資部門，也能提供深入淺出的實用答案。

歲月並沒有在馬律師身上留下太多痕跡，她每天光鮮亮麗地在職場、社團及公益團體盡心盡力，每個場合都能虎虎生威。在繁忙的職業律師生涯中，她成功地培育了一雙子女都已長大，這本書應該算是她的第三個孩子，我也祝她再接再厲成爲多產作家。

【自序】
勞資一起攜手，才能走得更長遠

　　從1990年在國際通商法律事務所開始至今二十六年的律師生涯中，我擁有一份充滿挑戰、可以讓我不停學習的工作。其中，有幸遇到職涯上的第一位導師陸台蘭律師，從我開始工作起，就指導我做勞工法方面的法律諮詢及訴訟，而其他的合夥人也不斷幫助我成長，才有機會在這一塊領域上，逐漸建立起勞工法部門，成長到擁有十五位勞工法律師專家的專業團隊。

　　除了勞工法外，我也處理許多智慧財產權及刑事訴訟案件，在法庭上尖牙利嘴、劍拔弩張，經常氣得對造破口大罵，甚至要跳過桌來打我，或者一出法庭即對我威脅利誘。但是，在勞工法方面的工作，讓我接觸到很多客戶的人力資源部門主管，獲益匪淺，在完全不同的一片天地裡，學得如何用兼具感性與理性的態度，處理、化解勞資爭議，不再是法律至上、理直氣壯，而是以情—理—法的優先順序，盡量幫助公司與勞工減少彼此之間的歧異，化干戈為玉帛。

　　因事務所客戶屬性，大都代表資方，但在面對勞工時，雖然立

場不同，也遇到許多讓我內心敬佩的人，讓我更堅信，要專業、客觀地提供法律意見、解決方案，而不是成為資方剝削勞工的武器。當然，許多勞資雙方因所謂的「一口氣」而對簿公堂，以多年來個人見聞綜觀之，許多爭議之所以無法化解的關鍵，往往是因為公司的主管不夠尊重員工，或是員工對其法律上的權利有無限上綱的誤解。因此，我希望這本書以兼有故事情節、法律分析、律師叮嚀、專家建議的架構，讓勞資各方的讀者都能輕鬆閱讀，從中有所收穫，以免流於意氣之爭。在此，更是萬分感謝許多好朋友，包括在本書各章節賜文提供相關經驗的專家們（以下按出場序：陳以令、阮啓殷、彭瑞琴、梁佩芳、郭秀君、李見裕、李訓鋒、汪士邁、蔡維恬、李彥群、陳素芬、王伯松、李振豐、陶尊芷、邵瓊慧、陳玉芬、鄭豪杰、謝淑英、康文彥、陳瑋芝、蔡兆誠、許修豪、賴瑾、劉謙儒、鍾薰嫺、劉宗欣、孟芝雲、賴建宏、呂曼蓉、李燕珠），以及不願具名的諸多專家學者們，都是我的良師益友，不吝給予寶貴的意見及幫助，讓讀者可以知道實務上的優良制度或處理技巧。

這本書是國際通商法律事務所勞工法部門的一個紀念，感謝我二十六年來的同事們共同的努力，尤其感謝李彥群律師、李訓鋒會計師、李振豐會計師、吳欣哲律師、呂曼蓉律師、吳得歆律

師、施汝憬律師、陳品榕律師、陳素芬律師、陳雅譽律師、黃如玉顧問、許修豪律師、蔡維恬律師、賴建宏律師、戴廷哲律師、鍾薰嫻律師（以上依姓名筆畫排序），在我寫作時提供令人振奮的建議及支持，並在百忙之際還費心幫我校對。其實，一開始構思這本書時，說好是大家一起寫的，但他們都太忙了……。此外，要再次感謝參與這本書的朋友同事們，都欣然同意我將本書的個人版稅收益，全數捐贈做為生命橋樑助學計畫，幫助清寒學生之用。

感謝我的高中同學謝宜英鼓勵我出版這本書，感謝我的親朋好友們多年來給予我的愛與支持。最後，希望勞資和諧、世界和平……哈～這樣，是不是想太多了～

本書重量級專家群

本書各篇章都有來自業界專家提供實務上的有力幫助及建議，他們在各自的領域發光發熱、學養兼備，對於相關問題都能有切中核心的探討，並以多年的專業經驗提出勞資雙方最有效、最公平的解決方案。

第 1 章　奇異醫療台港區人資經理**陳以令**

第 2 章　神達電腦股份有限公司副總經理暨法務長／台灣科技產業法務經理人協會理事長**阮啓殷**

第 3 章　德國萊茵 TÜV 大中華區人資處總經理**彭瑞琴**

第 4 章　嬌生股份有限公司楊森藥廠人力資源處處長**梁佩芳**

第 5 章　台灣萊雅（L'Oréal Taiwan）人力資源總經理**郭秀君**

第 6 章　亞東預拌混凝土股份有限公司人資處襄理**李見裕**

第 7 章　國際通商法律事務所會計師**李訓鋒**

第 8 章　國際通商法律事務所資深顧問**汪士邁**

第 9 章　國際通商法律事務所助理合夥律師**蔡維恬**

第10章　國際通商法律事務所助理合夥律師**李彥群**

第11章　國際通商法律事務所助理合夥律師**陳素芬**

第12章　美商韜睿惠悅企管顧問公司總經理暨首席顧問**王伯松**

目次

本書出場人物簡介

譚大維（David）

　　生性好奇、好問、好學，國內大學電機系畢業，志向是成為發明最多專利的工程師，人生目標是當上高科技公司的總經理，做出全球大賣並能拯救人類的產品。

　　服兵役後即步入社會，第一份工作是在美商布拉沃（Bravo）公司，與直屬上司Tony交惡，受到諸多不公平對待。期間雖受到國外母公司重用而升為科技部副總經理，但因與總經理關係惡化，終致與公司發生勞資爭議，嗣後受解僱而向公司提起訴訟。

　　轉戰優尼克（Unique）公司擔任技術長，又因人際關係不順，轉而熱中於工會活動，擔任理事長。因遭公司不當降職，而向勞動部申請裁決勝訴，並鹹魚翻身，受母公司升遷為台灣公司總經理。嗣後卻捲入訴訟，無心管理公司，接受母公司外派到中國工作，最後回到台灣光榮退休。

　　大維承家訓，秉持勤勞打拚的價值觀，但因工作上的人際關係受挫，幾度在人生抉擇上有暴走性的轉變，職涯上起起伏伏，可謂勞工法的活見證。

陳雅萱（Ya-Xuan）

　　布拉沃公司的人資長，個性溫柔謹慎、外柔內剛，常常協助大維，可說是大維在布拉沃公司的紅粉知己。後來因大維與公司訴訟，兩人漸漸疏遠，但仍願意不時給予大維建議。

王宇桐（Tony）

　　布拉沃公司的研發部主管，大維的直屬上司，愛炫耀外語能力，善於欺上瞞下，與大維關係惡劣。後因優尼克公司併購布拉沃公司手機

部門，而移轉至優尼克公司任職。外派大陸期間，大維加入優尼克公司，回台灣分公司時又成為大維的主管，嗣後與優尼克公司總經理先後跳槽至競爭對手公司。

錢柏恩（錢總）

布拉沃公司總經理，嚴肅拘謹、一板一眼，不滿大維個性跳脫難以馴服。面對業務下滑的壓力，要求大維發明專利必須配合業務轉變，大維不願配合，導致兩人互相批評，反目成仇。

林海綸（Henna）

優尼克公司人資長，精明能幹、長袖善舞。因受總經理無理猜疑及言語刁難，竟查出總經理性騷擾事件，導致總經理辭職下台。

江彥明（江總）

優尼克公司總經理，個性草莽海派，交遊廣闊。因大維組織工會活動，而與大維的宿敵Tony聯手。

後與祕書外遇卻遭控性騷擾而離職，又涉及違反競業禁止、洩漏營業祕密等。

劉貞庭（Jennette）

江總的祕書，雖非貌美如花，卻男人緣甚佳，有個像外國影星的男友。在被查出與總經理有不當交往的事證後，聲稱自己是職場性騷擾的受害者。

黃羽欣（Cindra）

優尼克公司會計部重要幹部，利用職務之便，多次以偽造總經理的簽名及盜蓋印章方式，陸續以江總名義盜領公司在銀行帳戶內的公款金額達數百萬元。

張承文（Wayne）

優尼克公司業務部資深業務高手，因公司未付業務獎金而與交往中的會計Cindra共同詐領公司款項。後因製造假帳號公開詆毀大維而被控告。

第1章
定期或不定期？試用或正職？

　　譚大維（David）是個有理想有抱負的社會新鮮人，許多同學申請延畢、不想工作，但大維從大學畢業後，就速速服完兵役，摩拳擦掌，準備步入社會。他的志向是成為發明最多專利的工程師，但也不是鎮日待在研究室裡的瘋狂科學家，他喜歡交朋友、參加公益社團，所以他的最終目標是：有朝一日成為高科技公司的總經理，做出全球大賣並拯救人類的產品！

　　大維與幾家公司面試後，到了美商布拉沃（Bravo）公司做第一次面試。公司人資長陳雅萱（Ya-Xuan）對他印象很好，尤其欣賞他積極、不做作的個性。面試結束前，雅萱問他是否接受一開始先以「定期員工」的身分來公司工作，並有六個月的「試用期」？如果願意，公司會安排第二次面試讓他的部門主管決定是否錄用及敘薪後，希望大維盡快上班。

　　大維自從開始找工作，常常搜尋相關的就業資訊，就他所知，定期勞工（一般稱為臨時工）多半就是做六個月，怎麼還有六個月的試用期？而且，聽說現在還有詐騙集團會誘騙初入社會的年

輕人。大維有點狐疑，雅萱親切地說明：因為公司有一位工程師休育嬰假六個月，而公司有嚴格的「headcount」（員工人數）管制，所以目前只能讓大維擔任這個臨時性的職務；若六個月到期而且大維也通過試用，就可能會讓大維成為正職的「不定期」、「繼續性」員工（即一般所謂的「正職員工」）了！

　　大維聽後坦白告訴雅萱：目前還沒有別的公司確定要僱用他，但自己一定是公司最正確的選擇！只是，他實在不了解這些「定期」或「不定期」、「試用」或「正職」什麼的……，怕自己可能會變成誤闖叢林的小白兔。他用單純的眼神望著雅萱，雅萱想了想，公司才剛向律師諮詢了這方面的法律意見，就把它拿給大維參考，讓他放心。

相關法規分析

　　我國勞動基準法（簡稱勞基法）將勞雇雙方就僱傭關係之權利義務所約定的契約（簡稱僱傭契約或勞動契約），分為「定期契約」及「不定期契約」（或稱繼續性契約）。但就定期契約之要件限制甚嚴，需受僱者（簡稱勞工或員工）的工作性質確實屬於「非繼續性」；而且，就定期契約的時間長短及工作性質，必須符合「臨時性」（六個月）、「短期性」（六個月）、「季節性」

（九個月）或「特定性」（一年，一年以上需經主管機關核准）之法定要件，才是法律上定義的定期僱傭契約。有些雇主（亦簡稱事業單位或公司）所採用的「定期契約」，事實上並不符合這些要件。

有些公司有員工人數的限制，而在僱用新進人員時需採取僱用定期員工的方式；有些公司則考慮，若簽「不定期契約」將無終止期限，雇主必須有法定事由才可終止契約，而且須付資遣費，以致雇主一旦僱用一名員工，除非有法定資遣或法定解僱事由發生，必須以不定期契約繼續僱用員工，而對「定期契約」期滿終止之員工，雇主無須支付資遣費。因此，雇主為使人事成本保持彈性，會使用定期員工或訴諸勞動派遣。

我國行政院勞動部（前稱勞委會，以下稱勞動部）於民國（下同）91年4月12日，即針對當時甫生效的性別工作平等法（前稱「兩性工作平等法」，以下簡稱「性平法」），為推動其育嬰假（無薪）制度，宣告雇主得因員工休育嬰假而僱用「定期契約」員工。本案所涉育嬰假，即是性平法所保障之一種長期的員工無薪假，依該勞動部之宣告，布拉沃公司得合法僱用「定期契約」員工。除此之外，例如員工若休家庭照顧假、留職停薪等，雇主也得僱用「定期契約」員工。

「試用員工」雖是常見的僱用型態，其實勞基法早已刪除「試用期」之規定，一旦受公司僱用，即使是試用期間的員工，其受勞基法保障的權利、對雇主應有之義務，與所謂「正職員工」並無不同，包括雇主須具備法定資遣或解僱事由才能予以合法解僱。不過，就「試用員工」其能力是否勝任工作一點，實務上多給予公司較大的裁量權限，但仍非無須符合法定資遣或解僱事由即能任意解僱。而若確實不能勝任而終止其僱傭關係，雇主仍需依法給予資遣預告通知（凡受僱三個月至一年者，應有十天預告終止期）及資遣費。

律師的叮嚀

定期契約的要件限制甚嚴，僱傭上能符合的情形很有限。其一，工作的性質必須具備「非繼續性」、「臨時性」、「短期性」、「季節性」、「特定性」的法定要件；其二，每一種定期也都有上限，簡要而言就是六個月，至於九個月上限的季節性工作、一年上限的「特定性」工作都很有限。勞雇雙方都該檢視所簽的「定期契約」是否符合這些要件，而不是冠上什麼名稱就必然符合法律上的定義。就公司而言，不會因誤解法律而觸法，就員工而言，也免得讓自己的權利睡著了！

有些公司會將繼續性工作的員工，如祕書、總機、客服、清潔工等，視為定期契約員工，每年一聘，卻等到要終止僱傭關係時，才發現：為什麼要付資遣費呢？甚至於，可能因為找不到可適用的法定資遣事由，以致不能合法解僱。但僱主如果不能解釋其工作有何定期性可言，該位員工對公司而言，早已構成是繼續性契約的員工了。

雇主僱用定期契約員工，而於定期契約期滿後如果打算繼續僱用，那麼先前定期契約期間的年資也要一併計算，如此既符合法律規定，也能獲得員工的向心力。

一般公司僱用新進員工時仍大都採用「試用期」，以觀察員工適不適任。但是別忘了，如果試用不過而打算終止僱傭關係時，仍需具備法定資遣或解僱事由，並需依法給予該員工資遣預告通知及資遣費。

專家的建議

奇異醫療台港區人資經理**陳以令**提供

近年來幾乎每年都有同事請育嬰假，於是也常需要協助解決育嬰留停期間職務代理人的問題；有時面談的應徵者會好奇地問

我，你們為什麼要使用派遣，而不直接和我簽訂定期契約呢？

依據中華民國91年4月12日勞動二字第091001794號函解釋，適用**勞動基準法之勞工，依兩性工作平等法申請育嬰留職停薪期間，雇主僱用替代人力執行其原有之工作時，該替代人力之工作因係育嬰留職停薪期間勞工職務代理之性質，依勞動基準法第九條及其施行細則第六條規定，雇主得與其簽訂定期契約。**

依我個人的了解，部分外商總部對所謂「正職人員」的數量（Headcount employee）有嚴格的控管機制，而定期員工仍被視為正職人員。有時甚至連因員工請辭而產生的職缺是否可以補人，都有審核流程。這類外商面對育嬰留停或專案之類的暫時性人力需求時，極可能必須透過派遣，而不能由公司直接聘僱，無論是不定期或定期員工都一樣。

對應徵者而言，未來履歷上呈現的雇主是什麼公司固然重要，但是在任何位置上的表現，以及所得到的學習成長，才是真正履歷表加分之所在！

第2章
年薪制或月薪制？

　　大維與布拉沃公司進行了第二次面試，人資長雅萱向大維告知公司敘定的薪資金額，問大維是否滿意？大維俏皮地回說：「不滿意，但是還可以接受。」雅萱對大維的幽默，感到滿有趣，怕他嫌薪資少，便趕快補充：「公司在農曆春節前會固定發放一個月薪水，但給付條件必須是給付日仍在職喔！」

　　大維其實還算滿意，但他生性好鬥嘴，老婆常說他的發語詞一定是負面的。大維有點心虛，便想多跟雅萱聊聊以化解尷尬，但是他說：「我知道外商都比較洋派，給的是年薪制吧。那麼，這第十三個月薪水是薪資的一部分嗎？若是如此，即使在農曆春節前離職，為什麼第十三個月薪水的年終獎金就全部沒有了，而不是按比率給付呢？」他又接著說：「還有就是，如果每個員工拿的都是固定的年終獎金，怎麼激勵員工努力多付出呢？如果公司賺錢，也不多發年終獎金給表現優異的員工嗎？現在不是規定公司若有賺錢，就要拿出部分盈餘給員工加薪嗎？」

　　大維總說自己不會說話，但一開口就沒法控制了。雅萱很驚訝

初入社會的大維竟然知道這麼多，但她覺得大維是個直腸子，反而是她喜歡的類型呢。她向大維謙虛地說，自己剛從財務轉人資，還有許多不明白之處，一定會諮詢律師後，再向大維說明。大維此時恍然發現自己咄咄逼人，擔心會不會煮熟的鴨子飛了。

於是，雅萱諮詢律師：「公司的僱傭契約就『薪資』來說，記載的是一定金額之年薪，除每月支付一個月的月薪外，在農曆春節前會固定發放一個月的薪水，即俗稱的第十三個月獎金。這第十三個月薪水是薪資的一部分嗎？公司給付年終獎金的條件是員工於給付日必須仍在職，如果員工在發放年終獎金前已經離職，公司必須發放這第十三個月的年終獎金嗎？公司若有賺錢就需提撥部分盈餘給員工加薪嗎？」

相關法規分析

勞基法第2條第3款規定「工資」的定義是：「**勞工因工作而獲得之報酬：包括工資、薪金及按計時、計日、計月、計件以現金或實物等方式給付之獎金、津貼及其他任何名義之經常性給與均屬之。**」這定義極為廣泛，換言之，凡是「勞工因工作而獲得之報酬」，包括工資、獎金、津貼或其他任何名義之經常性給予均屬之。因此，實務上認為尚應符合「經常性給予」要件始屬工

資，並訂有勞基法施行細則第10條規定一些可視爲非薪資的給付項目。

年終獎金，即屬勞基法施行細則第10條規定可排除爲薪資的一項。一般認爲，如屬非經常性的給予、勉勵、恩惠性質的給予，都屬於非薪資的範疇。但本案的年終獎金是固定發放，即使同樣稱爲「年終獎金」，其性質不同，雇主既以固定或保證方式，等於承認其仍屬「勞工因工作而獲得之報酬」，會被認定是薪資的一部分。因此勞雇雙方就「薪資」之約定，若是約定每年固定發給數個月的基本薪資，且該「獎金」的發放與否並非以雇主盈虧或勞工表現爲前提，則顯然屬於固定給付，兼具了「因工作而獲得之報酬」及「經常性給予」的兩項特質。如此的「年薪制」，無論是於何時發放，仍屬於工資薪資的一部分。

就年薪制員工而言，若在獎金發放日前離職，因其第十三個月月薪的固定獎金係屬於年薪總額的一部分，因此第十三個月的月薪仍應依比率分配計算給付。也就是說，員工於每個月均取得該第十三個月薪資的十二分之一之薪資請求權，只是把實際支付的時間延後到年終，如果約定「給付條件必須是於給付日仍在職才能領取」，實務上多認定爲無效。

依勞基法第29條規定，公司於營利事業終了結算，若有盈

餘，除非繳納稅捐、彌補虧損及提列股息、公積外，應對全年工作並無過失的員工給予獎金紅利。此一規定，是指年薪制之固定年終獎金以外的年度獎金，並非薪資性質，因為它並無固定或保證給付的情形，而只有全年工作（也就是俗稱「全勤」）且無過失（按工作規則受記過或懲戒者）的員工，才可能主張此權利。

依民國104年5月1日通過修正的公司法第235之1條規定，公司應於章程訂明，以當年度獲利狀況之定額或比率，分派員工酬勞，並可以股票或現金為之。此一規定，確實是要求公司如有獲利需給員工加薪。尤其，在此修法前所規定的員工分紅，是以稅後盈餘為計算基礎，但修法後，改為發放員工酬勞是以稅前獲利狀況為計算基礎，員工獲得此利益的機會較高。

律師的叮嚀

所謂年薪制，確實是比較優渥的固定待遇。這是將員工的十二個月薪水加上第十三個月（甚至第十四個月等），作為約定的「固定年終獎金」，再除以十二，才是勞動基準法第2條所定的平均月薪。基於此，年薪制員工的加班費、資遣費、退休金的計算，其實都應以此平均月薪做為基礎。

有些雇主不知此年薪制的含意，為了招納員工而提出幾個月

「固定年終獎金」的「保證」，但實際運作時，卻視之為勞基法施行細則第10條所定得排除於薪資外之「年終獎金」，未列入平均工資，用以計算員工的加班費、資遣費、退休金。直至員工主張時才驚覺其錯誤，應該好好精算，做好薪資、獎金的規畫。

公司若有盈餘，在繳稅、彌補虧損及提列股息、公積後，應對全年工作並無過失的員工給予獎金紅利。此外，公司應於章程訂明依當年度獲利狀況之定額或比率，分派員工酬勞。這些都是依員工表現而給予獎金紅利及加薪的方法，雇主若能好好運用，也許比固定薪資更能激勵員工。

專家的建議

神達電腦股份有限公司副總經理暨法務長／
台灣科技產業法務經理人協會理事長阮啓殷提供

台灣勞基法對於獎金規定較少，但對於勞工的工時、休假、加班費、記錄工時等等有很多的規定，以致有些員工心態上是以工時來衡量應得的報酬，未必適合每一種不同的產業。

其實，就一些工時型態較特殊的員工，例如有些員工經常要在下班後於家中和不同時區的同事做電話會議，或常常必須至客戶

公司或國外出差，他們的工時無法以是否在辦公室來計算，他們的在途期間也很難確切計入工時。因此，公司評估這些員工的績效，應看重他們的工作品質、成果、團隊合作、創意等等，而不是工時。因此，按表現而以獎金、年薪制給予員工報酬，也許比用上班時數的時薪、月薪、加班費，更能激勵此類員工。

有些公司訂立年薪制，卻都給予員工固定的幾個月薪資做為年終獎金，而稱之為「年薪制」，失去按表現獎勵員工的真義。若能加強評量，而依表現當作獎金的核發標準，可以讓員工有良性的競爭，進而增加公司的競爭力。

第 3 章
提供個資

通過重重考驗，人資長雅萱要大維填一份背景調查表，說只剩一些個資的問題。而他未來的直屬上司——研發部主管王宇桐（Tony），也約見了大維。Tony 說要盡情地聊，大維就隨興地說自己大學時瘋電影、寫小說，目前還在學油畫、芭蕾舞。Tony 問：「你真是多才多藝喔！老實說，你是不是 gay 呀？」大維一時語塞，回神趕緊回答：「我結婚了，老闆放心啦！」

大維看過許多有關個資的新聞，心頭納悶，不知可否拒絕公司對他做背景調查？便詢問人資長雅萱，是否一定要填寫這些資料？不提供會有什麼後果？還有，Tony 問他是不是 gay，跟錄取這份工作有關係嗎？雅萱聽了趕緊告訴他，Tony 只是閒聊，不必在意啦。但是，假如大維不願提供個資，公司當然會尊重，只不過就沒有辦法進行內部作業，無法決定是否錄取他喔。大維擔心不被錄用，於是趕快交上了他其實早已填好的背景調查表。

雅萱跟 Tony 報告了大維的疑惑，Tony 瞬間發現這傢伙可不是乖乖牌，還會打小報告，就建議不要錄用他。但雅萱覺得大維的

個性很直很眞，看起來也很勤奮，勸Tony給他一個機會，Tony
也不好堅持。兩人一起呈報總經理後，Tony鬆口，一致決定錄
用大維。

　　雅萱口頭上雖然催促大維提供個資以便公司做背景調查，但其
實心中有些不安，便打電話諮詢律師：「公司在法律上有權利要
求應徵工作者提供個資，包括提供健康檢查、犯罪前科等資料，
以及進行背景調查嗎？」

相關法規分析

　　依據個人資料保護法（以下簡稱個資法）第19條規定，非公
務機關對個資之蒐集或處理，除非有特別規定的資料外，應有特
定目的，並符合下列情形之一：

1.法律明文規定。

2.與當事人有契約或類似契約之關係，且已採取適當之安全措
　施。

3.當事人自行公開或其他已合法公開之個人資料。

4.學術研究機構基於公共利益爲統計或學術研究而有必要，且
　資料經過提供者處理後或蒐集者依其揭露方式，無從識別特

定之當事人。

5.經當事人同意。

6.為增進公共利益所必要。

7.個人資料取自於一般可得之來源。但當事人對該資料之禁止
處理或利用，顯有更值得保護之重大利益者，不在此限。

8.對當事人權益無侵害。

相對於「一般個資」，個資法於104年12月30日修正規定「特
種個資」或「敏感性個資」：**病歷、醫療、基因、性生活、健康
檢查、犯罪前科均屬之。**除非法律明文規定，或為協助公務機關
執行法定職務或非公務機關履行法定義務必要範圍內，且事前或
事後有適當安全維護措施者外，必須經當事人書面同意，方得蒐
集、處理或利用。

基於此，公司可否要求大維提供個資，應該檢驗幾點：

● **應具備特定目的：**就本案，是為人事行政管理及招募員工的
特定目的；

● **符合上述個資法第19條規定情形之一：**就本案，如大維同
意提供個資，即屬有契約關係，但就其有無刑事前科，需有

書面同意。

不論是直接或間接（經過第三人）向當事人蒐集個資，程序上，除非符合法定免告知的情形，均應踐行告知義務，明確向當事人告知：蒐集及處理個資的是哪個機構（機關）；蒐集目的是什麼；要蒐集哪些個資；使用個資的期間、地區、對象與方式；當事人得行使之權利及方式（如影印個資紀錄等）。如果是直接向當事人蒐集個資，而當事人得自由選擇是否提供個資時，應同時告知若不提供將對其權益之影響。

倘若違反個資法，新法除了「意圖為自己或第三人不法之利益」的意圖營利行為外，凡行為人有「損害他人之利益」意圖，一律處以五年以下有期徒刑，得併科罰金新臺幣一百萬元，處罰甚重，不可不慎。

雇主蒐集個資還要注意是否有「歧視」的問題，避免違反就業歧視規定。依就業服務法第5條規定，**雇主對求職人或所僱用員工，不得以種族、階級、語言、思想、宗教、黨派、籍貫、出生地、性別、性傾向、年齡、婚姻、容貌、五官、身心障礙或以往工會會員身分為由，予以歧視。**

再者，雇主招募或僱用員工，不得有下列情事：

1. 爲不實之廣告或揭示。

2. 違反求職人或員工之意思，留置其國民身分證、工作憑證或其他證明文件，或要求提供非屬就業所需之隱私資料。

3. 扣留求職人或員工財物或收取保證金。

4. 指派求職人或員工從事違背公共秩序或善良風俗之工作。

5. 辦理聘僱外國人之申請許可、招募、引進或管理事項時，提供不實資料或健康檢查檢體。

　　如違反以上規定者，主管機關得就行爲人處以罰鍰，有些違規行爲的最高罰鍰可達新臺幣一百五十萬元。

　　此外，聘僱員工時還要注意《性別工作平等法》規定，不得因性別或性傾向而有差別待遇，包括：

1. 對求職者或受僱者之招募、甄試、晉用、分發、配置、考績或升遷等（但工作性質僅適合特定性別者，不在此限）；

2. 爲受僱者舉辦或提供教育、訓練或其他類似活動；

3. 爲受僱者舉辦或提供各項福利措施；

4. 對受僱者薪資之給付，其工作或價值相同者，應給付同等薪資（但基於年資、獎懲、績效或其他非因性別或性傾向因素

之正當理由者，不在此限）；

5.對受僱者之退休、資遣、離職及解僱。

雇主亦需檢視工作規則、僱傭契約或團體協約等規章，不得規定或事先約定受僱者若有結婚、懷孕、分娩或育兒等情事，即需離職或留職停薪；更不得以其做為解僱之理由。

律師的叮嚀

雇主蒐集處理員工及應徵者的個資時，應該符合特定目的及法規的規定，包括應踐行告知義務，該說的別忘了說。至於個人隱私等，凡涉及歧視性的問題，即使無心耍嘴皮，也可能被認定是違反就業歧視規定，罰鍰很高。為求慎重，最好事先訂下SOP等規章，明文規定必須說的、不可問的，以避免面試官不慎觸法，連累公司受罰。

就雇主蒐集所得之員工個資，應採行適當的安全措施，防止個資被竊取、竄改、毀損、滅失或洩漏，並應訂定相關個資保護規則。尤其現在駭客入侵屢見不鮮，若不謹慎防範，可能發生洩漏個資的情形，必須耗費金錢及時間善後，包括許多公告、通知等等義務，對雇主形象更有非常大的影響。

專家的建議

德國萊茵TÜV大中華區人資處總經理彭瑞琴提供

　　我公司在與應徵者面談時，有關個人家庭背景的相關問題，一律不在正式面談時詢問。但為了能更深入了解應徵者，人資主管會在主考官離席後，以聊天方式蒐集應徵者與其個人專業無關的訊息，並且會告知應徵者可以不回答，且不影響面試結果。根據我們實務的經驗，這種非正式的聊天，反而更能讓應徵者侃侃而談並了解應徵者的適任性。

　　有關個資保護，公司在聘僱契約中明文規定所有員工相關資料只供公司合法用途，並加強宣導及教育訓練，未經本人同意，任何人不得將員工個資如手機號碼提供給第三人包括客戶及內部同仁，以免造成員工的不便。

第4章
我是責任制？

　　大維到公司上班後開始了朝九晚五的工作，每天準時上下班。不料，部門主管Tony忽然叫他到辦公室坐坐，告訴他：「我聽過7-Eleven，沒聽過9-Five，怎麼你都早早下班了呢？」大維不解地問Tony：「但是勞基法不是規定……？」Tony打斷大維的話，激動地說：「公司還不賺錢，大家都應該共體時艱，不計較個人得失，逗陣向前行，才是基本做事的道理嘛。」大維垂下頭，覺得真慚愧。

　　此時，Tony拿出一份「勞動基準法第84條之1約定書」，叫大維簽字，還說這是「責任制員工」的殊榮。大維想讀一下內容，一眼瞥見工時、休假等都跟先前的僱傭契約不同。但大維抬頭一看，見Tony一副神聖不可侵犯的臉色，而且顯然已經等得不耐，大維覺得自己應該感激上司提拔，二話不說就簽了名。此時，Tony再強調：「大維，你的level比同事們高，是『責任制』、不要打卡！」

　　自此之後，Tony每天要大維加班：「你是責任制員工，該做的

還沒做完，你好意思下班嗎？」大維看到新聞上不斷出現過勞
死、小員工的悲歌等報導，也開始擔心：自己「責任制員工」的
身分到底是福是禍呢？

　　大維愁眉不展，雅萱發現狀況有異，也懷疑Tony是不是在整
大維。因為公司雖有「勞動基準法第84條之1」的「責任制員
工」，但從來沒有用在像大維這樣的新手身上。此時，國外母公
司正好派人到台灣做內部稽核，雅萱據實報告了這個問題，國外
稽核人員便要求雅萱諮詢律師，以遵循法律規定辦理。

　　雅萱於是請教律師：「公司還沒賺錢，也必須適用勞基法嗎？
什麼員工可以不適用？或歸類為『責任制員工』？」

相關法規分析

　　勞基法自民國73年施行後，勞動部逐漸擴張其適用範圍，目
前幾乎大部分的職場工作者均已受到勞基法保障。任何公司都不
應該因為虧損，而規避勞基法對員工的保障。目前，少數尚未適
用勞基法者為：

1.公務機構（技工、工友、駕駛人、臨時人員、清潔隊員、停
　車場收費員、國會助理、地方民代助理除外）之工作者。

2. 公立各級學校及幼稚園、特殊教育事業、社會教育事業、職業訓練事業等（技工、工友、駕駛人、臨時人員除外）之工作者。

3. 公立醫療院所（技工、工友、駕駛人、臨時人員除外）之工作者。

4. 公立社會福利機構（技工、工友、駕駛人、臨時人員除外）之工作者。

5. 公立學術研究及服務業（技工、工友、駕駛人、臨時人員除外）之工作者。

6. 公立藝文業（技工、工友、駕駛人、臨時人員除外）之工作者。

7. 私立各級學校之編制內教師、職員，以及編制外僅從事教學工作之教師。

8. 國防事業（非軍職人員除外）之工作者。

9. 醫療保健服務業之醫師。

10. 職業運動業之教練、球員、裁判人員。

11. 其他未分類組織的受僱者。但國際交流基金會、教育文化基金會、社會團體、地方民意代表聘（遴）、僱用之助理人員、依立法院通過之組織條例所設立基金會之工作者及

　　大廈管理委員會，仍適用勞基法。

12.技術生、養成工、見習生、建教合作班之學生。

13.事業單位之雇主、委任經理人。

　　凡適用勞基法的行業，公司所僱用的人員，僅有委任經理人不適用勞基法。委任經理人指的是公司的高階經理人，是依公司法第29條等規定，以委任關係（而非僱傭關係）聘任者。此類經理人需由公司董事會決議任命，具有代表公司或管理的一定權限，而被認定非屬勞基法所保護的「勞工」，且其身分屬於公司人員中的經營階層，一般在公司中只有少數一兩位。

　　至於一般所稱的主管階級或責任制人員，其實多指依勞基法第84條之1規定，經中央主管機關核定公告之工作者（一般稱為「84-1員工」），得由勞雇雙方另行約定關於工作時間、例假、休假、女性夜間工作等相關事項，並報請當地主管機關核備。因此，所謂84-1員工，必須是經由勞動部公布的勞基法第84條之1之特殊工作者範圍，如果雇主片面認為其員工屬「責任制」，且員工已簽署同意書，還是不能排除勞基法之適用。

　　再者，適用勞基法第84條之1之勞工，包括「一、監督、管理人員或責任制專業人員。二、監視性或間歇性之工作。三、其他

性質特殊之工作」。其中，前兩款之定義，必須符合勞基法施行細則第50條之1規定如下：

- **監督、管理人員**：係指受雇主僱用，負責事業之經營及管理工作，並對一般勞工之受僱、解僱或勞動條件具有決定權力的主管級人員。
- **責任制專業人員**：係指以專門知識或技術完成一定任務並負責其成敗之工作者。
- **監視性工作**：係指於一定場所以監視為主的工作。
- **間歇性工作**：係指工作本身以間歇性的方式進行者。
- 中央主管機關核定公告之工作者，則應參照由勞動部所公告之「勞動基準法第84條之1核定工作者」。

此外，即使是符合勞基法第84條之1上述類型的員工，雇主得與勞工就工作時間、加班時間、例假、休假等事項以書面特別規定，但仍需報經當地主管機關核備，而報請當地主機關核備的書面約定，依勞動基準法施行細則第50條之2規定，其內容應包括職稱、工作項目、工作權責或工作性質、工作時間、例假、休假、女性夜間工作等有關事項。而加班費之規定，是勞工主管機

關嚴格把關的重點。

律師的叮嚀

勞動部經相關主管機關、各勞資團體及專家學者審慎討論，已逐漸緊縮勞基法第84條之1的適用工作者範圍，於103年12月18日公告廢止十四類適用勞基法第84條之1的工作者（包括銀行業僱用之經理職以上人員、廣告業僱用之創作人員及客務企畫人員、建築師事務所之個案經理人員及建築規畫設計人員、證券商之外勤高級業務員及業務員等），並自104年1月1日起回歸勞基法一般工時規範。

但若公司所聘用員工確屬主管機關核定公告之「84條之1核定工作者」，且公司已依法將雙方約定書報經主管機關核備，員工即應遵守約定書。畢竟此法律的立法意旨，在於給公司與特定員工間一些自行約定的彈性，善加使用可有較彈性的工時。

即使身為「勞動基準法第84條之1核定工作者」，並不代表員工絕對不得請求加班費。倘若實際工時超過約定書中所載時數，就超過部分仍可請求加班費。有些公司與員工簽了84-1的約定書，卻未將雙方約定書報經主管機關核備，員工事後仍可能主張加班費。

專家的建議

嬌生股份有限公司楊森藥廠人力資源處處長梁佩芳提供

資淺員工可能對工作與流程尚未熟悉而要花較多時間處理，但公司不應以責任制為由而將工作無限制地交辦給員工；相反的，對資淺同仁，公司除了由直屬主管給予教導外，還會指派小老師協助資淺同仁盡快熟悉業務。「工作永遠沒有做完的一天」，公司不會也不能期待員工要將所有事情做完才能下班。所以，如何安排工作的優先順序是很重要的，員工有疑問時，應該立刻與直屬主管溝通，以尋求協助。

台灣多數公司都屬中小型企業，很多工作無法像生產線般切割得具體清楚，一個員工的工作往往縱度較深，從上游到下游可能都是同一位負責，所以相形之下，責任制變得很重要。同時，公司也會對同仁提供相關的訓練以提升其職能，有時還會送到國外進行短、中、長期的訓練。而這類訓練的成本往往高達數十萬到數百萬元，如有舉家同行者，甚至包含搬遷費、子女教育金、房租、不同國家的語文與文化訓練等等，費用會更高。所以公司會選擇有潛力的員工，給予這樣的訓練，相對的，也會期望他們能擔負更重的責任。

　　許多優秀同仁對自我期許甚高，也願意訂定較高的挑戰目標，在強烈自我要求下，努力地不僅做好份內工作，更期望能超出主管的期待。他們或許會以責任制的態度面對公司所賦予的任務，而非僅以一般上班族的角色自居，以期獲得更高的職位或更多的培育機會。公司相對於這類型的員工，必然也會有更高的意願給予栽培。

第5章
加班～加班～

　　大維有辛勤奮鬥的精神，因爲養育他長大的外婆從他小時候就耳提面命，勤勞打拚是台灣人的價值。但是，凡事過猶不及都不好，大維看到新聞上一些工程師、醫師、老師過勞死的案例，心裡嘀咕，如果過度超時工作，會不會健康與家庭都亮起紅燈，付出難以彌補的代價呢？

　　加班是公司裡不成文的規定。大維的直屬上司Tony每每到了下班時間就開溜走人，卻不關燈，就怕總經理發現他下班了。有時候大維想跟著下班，Tony卻打視訊來看他有沒有在辦公室，提醒他是從事高階專業的工作，加班並不是公司的要求，而是因爲大維的工作是研發，要以發明出多少專利來看表現，所以大維該自動加班，公司可不會給加班費。更惡劣的是，Tony的祕書小姐常常在下班後仍然留在辦公室上網聊天、網購，但Tony對她申請加班費一律核准，從不挑剔；但如果是其他員工加班，卻會被Tony告誡：「公司還沒賺錢，員工要共體時艱，不要增加公司成本……」

更過分的是，Tony 連在週休二日及國定假日時，也常叫大維進辦公室上班。大維覺得簡直快爆肝爆肺了，幾次問人資長雅萱：「公司好像掛著跳樓拍賣最後一天的招牌，一直要大家共體時艱什麼的，難道加班真的不能申請加班費嗎？」雅萱看著大維隱隱泛著淚光的眼神，深感不忍，其實她也知道公司常要員工加班，但她只是個像三明治的人資，夾在勞資之間，又必須秉持中立、守密的職業道德，真的力有未逮。

此時，國外母公司人資長鼓勵她：「人資是公司留才留心的關鍵人物，每季各地人資提出當地狀況報告時，雅萱可以發言呀。」以往雅萱總是報喜不報憂，這次總算鼓起勇氣提出台灣公司的加班問題，結論是應依各地法律處理。於是，雅萱請教律師：「是不是因為公司還沒賺錢，員工就不適用加班規定呢？公司該如何管理加班呢？」

相關法規分析

自105年起，台灣法定工時上限開始採行每週四十小時、每天八小時制度。嗣於105年12月21日採「週休二日」，卻因「一例一休」而紛擾不斷，因此行政院再於107年1月10日三讀通過修正勞基法，107年3月1日生效。

現制勞基法規定「週休二日」，每七日有二日休息，其中一日為「例假」，一日為「休息日」。且「七休一」之週休（即勞基法所稱「例假」）屬強制規定而不准加班。唯，如符合勞動部公告的「四大特殊型態」：特殊時間、特殊地點、特殊性質、特殊狀況時，經主管機關同意、勞動部審定者，得於每七日的週期內調整週休，例如將「七休一」調整為「十四休二」，依此，為配合年節、重要賽事轉播、偏遠地區、國外、非經常性會議的工作型態者，得有較彈性的週休制度。程序上，需取得工會同意、若無工會者須獲勞資會議決議通過；如屬僱用勞工達三十人之雇主，尚須報勞動局備查。

至於輪班制工作，除非經勞工同意，其工作班次應每週更換一次。而更換班次時，至少應有連續十一小時之休息時間。唯，如是工作特性、特殊原因的輪班制行業，可在事業主管機關商請勞動部公告、工會同意或勞資會議同意後，將換班時的間隔從十一小時縮減為八小時，如僱用勞工達三十人之雇主公司，尚須報勞動局備查。

就延長工時工作（俗稱「加班」）方面，在沒有實施變形工時或特別規定下，凡要求員工工作超過每天正常工時八小時，或要求休息日上班的，就是「延長工時」。平日加班時數每日不得超

過四小時，連同正常工作時間一日不得超過十二小時，平日及休息日合計每月延長工時不得超過四十六小時，唯，如取得工會同意或勞資會議同意後，加班總工時可從四十六小時增加爲單月最高五十四小時，但三個月最高仍以一百三十八小時爲限，如屬三十人以上之公司尚須報請勞動局備查。

加班費率爲：

1. 平日加班第一至第二小時：1＋1/3倍時薪；

2. 平日加班第三小時起：1＋2/3倍時薪；

3. 休息日（兩週有兩天屬休息日但仍可依法加班）加班第一至第二小時：1＋1/3倍時薪；

4. 休息日加班第三至第八小時：1＋2/3倍時薪；

5. 休息日加班第九小時起：2＋2/3倍時薪；

6. 國定假日或特別休假（俗稱「特休假」或「年休假」）加班：加發一日工資（於八小時內，不論實際加班時數，一律加發一日工資）。

7. 因天災、事變或突發事件，雇主認有繼續工作之必要，而停止員工例假（因天災、事變或突發事件才可於例假日加班）、國定假日、特休假之加班：加發一日工資，並應使員工於事後補假休息（於八小時內，不論加班時數，一律加發

一日工資）。

雇主如不發給加班費者，除可能被勞工主管機關裁罰外，仍需給付員工加班費。

如屬一般加班事由，雇主必須經過工會同意；如無工會者，則需經勞資會議同意後，方得要求員工加班。如加班事由是因天災、事變或突發事件，雇主應於加班後二十四小時內通知工會；無工會組織者，應報當地主管機關備查。

勞基法也有幾種彈性工時的規定，一種是第30條第2項（兩週）、第3項（八週）及第30條之1（四週）的所謂「變形工時」。雇主因業務需要（如保全業等經中央主管機關指定之行業；中央主管機關業已指定凡「適用勞動基準法之行業」均為適用第30條第2項規定之行業），如果經工會或勞資會議同意後，得將勞工某些日數的正常工時分配至其他工作日，而在此一定時數內的工時，均視為正常工時，雇主不必另行發給加班費；超過此變形工時以上的加班時數，才需要發給加班費。但變形工時的每日正常工時最多為十小時，超過十小時的工作時間仍然是加班，需給付加班費。若合乎變形工時規定之事業，休息日可有較彈性之調配。

另外一種彈性工時是針對所謂的「責任制」員工等，限於勞基

法第84條之1所規定的「監督、管理人員或責任制專業人員」、「監視性或間歇性之工作」人員或「其他性質特殊之工作」人員，並且必須是「經中央主管機關核定公告」者。因此，員工是否屬於勞基法第84條之1的「責任制」人員，並非雇主單方或勞雇雙方可以任意決定的。

特別要注意的是，上述「責任制」員工仍適用勞基法，僅是排除勞基法第30條等數條關於工時、例假、休假及女性夜間工作規定之限制，可由勞雇雙方就該等事項另行約定，但必須報請當地主管機關核備。其效果是讓「加班」的發生可能性降低，但並非「豁免」雇主給付加班費的義務。其一，「責任制」員工的特殊約定契約應報經當地主管機構核備，其工作時數約定受到中央及地方主管機關相關基準的限制，例如：勞動部「保全業之保全人員工作時間審核參考指引」、台北市政府審查適用勞基法第84條之1工作者工作時間一覽表。再者，「責任制」員工仍適用勞基法第24條關於加班費的規定，如果員工的工時超過雇主報請主管機關核備之書面約定的正常工作時數，雇主仍需給付加班費。

因此，公司的委任經理人是不適用勞基法的唯一真正「責任制」人員，例如公司的總經理、分公司經理等，其與雇主之間的

服務條件，比如工時、休假等，均依契約自行約定之。

律師的叮嚀

　　為了保障勞工權益，限制勞工加班時數及給付加班費確有必要。然而，從另一角度而言，台灣產業逐漸從製造業轉型為以服務業為主，職場工作者的工作時間日益彈性機動，新世代工作型態者亦多不要求每日打卡上下班，而需隨時於夜間或假日執行業務。因此，傳統的固定上班時間及加班概念，在現代社會益顯扞格不入，這也是許多企業難以完全遵守勞基法加班規定的原因之一。如何保障勞工權益，又能兼顧彈性工時的要求，可能是未來勞基法修法必須處理的議題。

　　公司對加班的管理，一般宜以工作規則載明清楚加班申請核准流程、申請加班費或補假的規定。有些公司規定若干職等以上或某些部門的員工不得申請加班費等等，並不合法。而加班費的請求權消滅時效長達五年，員工縱使離職後仍可向雇主主張，雇主實不可輕忽。

　　加班管理是一大學問，有些公司僅以門禁卡進出時間來決定加班費，卻可能發生員工下班後留在辦公室聊天、上網、處理私事，雖非工作，卻留有「加班」紀錄以致名實不副。公司除了加

強檢核外，最好事先多溝通及落實員工訓練，才能避免劣幣驅逐良幣。

專家的建議

台灣萊雅（L'Oréal Taiwan）人力資源總經理郭秀君提供

近年來勞工意識抬頭，員工比較重視追求工時與生活上的平衡，有些年輕人更常說，要為了工作而生活、而非為了生活而工作。因此，公司對員工的期待也要跟上時代。

對工時的管理，與其著重於控管加班經費支出，我們更著重於提升員工的工作效率，讓員工享有Work and Life Balance才是我們的首要目標，希望達到雇主與員工雙贏。為此，我們公司提出了Power off - Early Friday、659政策（於六點五十九前下班），鼓勵員工能提升自我工作效率並準時下班，成效卓著。

第6章
出差怎麼算工時？

　　大維爭取到了可以申請加班費，不只為自己掙得多一點的收入，加班的同事們也一起受惠，連平常以加班之名留在辦公室做私事的人，也非常敬佩大維。大維儼然變成公司的地下領袖，精神奕奕，走路有風。

　　有一天，上司Tony忽然問大維是否能更常態性地到客戶處開會，與客戶討論產品規格，使公司研發的產品符合客戶需求？大維覺得Tony的派令還算合情合理，也可以發揮他一直被埋沒的社交能力，建立與客戶之間的關係，便欣然接受。

　　不料，Tony隨即出招，告訴大維這就是所謂的責任制、彈性工時。大維不解，如果拜訪客戶時間超過每天八小時，難道沒有加班費嗎？Tony冷冷地說：「那你就給我加加看呀?!」大維這才發現中計了，因為Tony派他參加的客戶會議很多，他可能連週末都得配合客戶開會，更不用說週一到週五每天從早到晚都要做十二個小時以上，老婆罵他簡直是一個禮拜要上「八天」班。做到累得要死，卻連加班費也沒有嗎？

大維趕緊再向雅萱求救，雅萱答應會請教律師：「員工在辦公室以外的出差時間如何管理？適不適用加班的規定呢？」

相關法規分析

依據民國105年1月1日修正生效的勞基法規定：**雇主應置備勞工出勤紀錄，並保存五年。出勤紀錄，應逐日記載勞工出勤情形至分鐘為止。勞工向雇主申請其出勤紀錄副本或影本時，雇主不得拒絕。**

然而，鑑於有些員工並非在固定場所內工作，平常甚至不必進入公司辦公室，其工時應如何認定及記錄，實屬難題。因此，新法除了一般所知的簽到簿以外，准許用出勤卡、刷卡機、門禁卡、生物特徵辨識系統、電腦出勤紀錄系統，公司可善用新科技來管理工時紀錄。

此外，勞動部於民國104年5月6日訂定即日生效的「勞工在事業場所外工作時間指導原則」（以下簡稱「勞工在外工時指導原則」）全文四點，適用於「新聞媒體工作者」、「電傳勞動工作者」、「外勤業務員」、「汽車駕駛」。基於此一指導原則，以下幾點應特別注意：

1. **應書面約定的事項**：有關正常工作開始及終止時間、加班認定、休息時間及輪班制換班等有關事項，應以書面僱傭契約約定，並訂入工作規則。

2. **工作與休息**：勞工在外工時指導原則以「是否在雇主指揮監督下」及「可否自由利用時間」作為「工作時間」與「休息時間」的判斷標準。

   (1)「工作時間」是指員工在雇主指揮監督下提供勞務或受指示而等待提供勞務的時間。正常工作時間結束後，雇主若使員工工作，員工可自行記錄工作的起迄時間，雇主應補登工時紀錄。

   (2)「休息時間」是指員工脫離雇主指揮、監督狀態，而得以自由利用的時間。員工在外工時指導原則舉例指出，遊覽車遊客下車遊憩期間，駕駛若得自行利用，可不認定為工作時間，但若仍有遊客留在車上，該期間駕駛實際上無法自行利用，應屬工作時間。此外，實務上目前對於員工於上班前或值勤之間的待命時間，也都以員工是否脫離雇主指揮、監督狀態做為判斷標準。

3. **可以約定起迄時間認定正常工時**：勞基法施行細則規定：「**勞工因出差或其他原因於事業場所外從事工作致不易計算**

工作時間者，以平時之工作時間為其工作時間。但其實際工作時間經證明者，不在此限。」勞工在外工時指導原則另規定，勞工因故於事業場所外工作致不易計算工時者，其一日之正常工作時間以約定之起迄時間為準；加班則仍應以實際勞務提供之起迄時間計算。

4. **可約定一定加班時數免徵得雇主同意**：勞雇雙方得事先約定一定時數內免事先回報及徵得雇主同意，於工作完成後，雇主應記載員工事後回報實際加班的時數。至於如何適當約定時數，尚待觀察未來的實務發展。原則上，雇主最好適時檢查員工回報狀況，並嚴格遵守勞基法的加班時數限制，以維護員工的健康，遵守法律規定。

5. **工時記錄方式多元化**：工時記錄方式多元，只要是「可供稽核出勤紀錄之工具」都可以，例如行車紀錄器、GPS紀錄器、電話、手機打卡、網路回報、客戶簽單、通訊軟體、發稿紀錄、線上登錄系統、派車單等等。

6. **雇主應製作工時書面紀錄**：雇主必須記載、補登員工回報的工時，且雇主於接受勞動檢查時，應提出書面紀錄。即使一日正常工作時間以約定之起迄時間為準，雇主仍應製作工時書面紀錄。

律師的叮嚀

　　勞基法修正已准許多元化的工時紀錄，加上先前已頒布的勞工在外工時指導原則，對於時下因多媒體發達而越趨彈性的工作型態者而言，實在是一大福音。但勞工在外工時指導原則，目前仍僅適用於「新聞媒體工作者」、「電傳勞動工作者」、「外勤業務員」、「汽車駕駛」，許多其他經常在外的工作者，仍待主管機關檢討後，納入適用，尚需注意。

　　關於適用勞工在外工時指導原則的員工，其有關正常工作開始及終止時間、加班認定、休息時間及輪班制換班、約定起迄時間認定正常工時、一定加班時數免徵得雇主同意等有關事項，均應由勞雇雙方以書面僱傭契約約定，並訂入工作規則；其他如工時記錄方式等事項，亦宜訂定於書面僱傭契約及工作規則，以免日後徒生爭議。

專家的建議

亞東預拌混凝土股份有限公司人資處襄理李見裕提供

　　加班費亦有採取按件計酬的慣例，本公司與按量計酬的預拌車司機同仁於勞動契約中，明訂完全符合勞基法規定的加班相關事

項。司機當日出勤八小時「正常工時」內之工資係按量計酬；而加班工資則非按量計酬，係依法按其當月每日「正常工時」的工資，再加其申請「特別休假」及工作規則所規範「工資照給假」之工資總額，除以240計算出之時薪，再依勞基法第24條的規定計算發放之。

前揭申請「特別休假」及工作規則所規範「工資照給假」時，該日工資係依其上一個月工資的平均額計給；而新進人員則以當月未含請假日工資的平均額計給。

另外，司機於廠內正常工時外的「待命時間」，以及收工前固定三十分鐘的「洗車時間」，均列入其當日的加班時間。

第7章
母公司給我認股選擇權！

　　大維過著每天沒日沒夜，一週上「八天」班的生活，不但身心俱疲，連家庭也出現了問題。錯過了老婆生日、結婚週年、情人節，連小孩的週歲派對都沒辦法參加。老婆從抱怨到冷漠，小孩竟然叫自己「叔叔」，連兩隻寵物Money及Happy都不理他了。大維開始懷疑當初投入這個工作的初衷，想著這麼拚命卻換不到家人和寵物的諒解，到底有什麼意義？

　　正當他準備遞出辭呈時，公司人事主管雅萱通知他，公司為獎勵員工的辛勞與貢獻，決定把原本只屬於母公司員工的員工認股選擇權延續至各地子公司，包括台灣。大維這下立刻振奮起來，因為他聽說，依美國的情形，通常可以用市價一半以下的價格買到公司股票，一轉手可能就有百萬元以上的利潤。於是，他立刻迫不及待地向公司提出申請，並問雅萱：「我又不是美國人，不用報美國稅吧!?」

　　另一方面，大維的上司Tony發現自己居然分到的是和大維一樣的認股權數，心裡非常不滿，也跑來找雅萱，要求母公司改變

對大維這樣資淺員工執行認股權的條件。

公司先前只發行過母公司的認股選擇權,對於要如何發行認股選擇權給台灣子公司的員工,並不清楚。於是,雅萱請教稅法律師及會計師:「員工取得並執行該外國母公司發行的員工認股選擇權,是否要報稅?而在我國境內的子公司因其外國母公司發行員工認股選擇權,而支出的成本費用是否可列報抵稅?公司若和員工簽訂文件後,公司可以改變認股權的規定嗎?還有什麼該特別注意的嗎?」

相關法規分析

外國公司在我國境內的子公司員工,取得並執行該「外國公司」發行的員工認股選擇權時,若員工於取得認股選擇權日至得請求履約始日的期間,有在我國境內提供勞務,即應以其選擇權執行日的標的股票之時價,就超過其認股價格的「差額部分」,計算屬於在我國的來源所得。該來源所得,即屬所得稅法第14條第1項第10類規定的「其他所得」,應計入執行年度的所得額,依法課徵該員工的「所得稅」。而嗣後若員工出售該股票,則出售價格與執行日標的股票時價的差額,即為證券交易之所得或損失。

因此，大維執行美國母公司認股選擇權時，如以每股10元認購當日時價（假設為每股100元）的股票一萬股，價差為九十萬（每股價差90元×1萬股）。由於大維是在中華民國境內提供勞務，該九十萬元的所得並非屬於境外所得，而是屬於中華民國來源所得，因此大維應將此筆九十萬元所得列入該年度個人綜合所得稅申報。

若我國境內子公司以其外國母公司發行的員工認股選擇權憑證，給予子公司的員工，嗣後於子公司員工執行該認股選擇權時，其認股價格與執行日的標的股票時價間之「差額部分」，子公司可依營利事業所得稅查核準則第71條規定，於員工執行認股選擇權的當年度，核實認列為「薪資支出」抵稅。

舉例而言，假如布拉沃美國母公司發行員工認股選擇權憑證（買權），支付予子公司員工大維等十人，選擇權內容為「得於一定期間內以每股新臺幣10元認購10,000股美國布拉沃公司的股票」。嗣後大維等十人執行認股選擇權時，當日母公司股票時價是每股100元，大維等人以每股10元認購，則每股價差為90元，而大維等十人共認購十萬股（每人1萬股×10），十人價差總合為九百萬元。此部分將由台灣子公司支出，子公司得將此九百萬元列報為「薪資費用」抵稅。

認股權是否屬於員工的勞動條件之一，視個案的勞雇雙方間約定而有所不同。依勞基法規定及相關法院實務，如果屬於勞動條件，對於勞動條件不利的變更必須得到勞工的同意。因此，如雇主公司擬變更股票選擇權的行使辦法可能對員工不利，例如增設執行的限制等，應取得員工同意。但實務上，跨國母公司通常是以同一個發行辦法管理在各地的子公司，實難就任何微小的修改都一一徵得每位員工同意，因此大都會事先在發行辦法中訂定「公司增刪發行辦法，不需取得員工同意」的條款。

參考其他國家的立法，關於員工認股選擇權之履行，有採限實物交割，也有採實物交割或現金交割並行者。如果採現金交割，公司可能直接把錢匯給員工，此時公司可在相關文件中註明，該筆現金非屬員工的「經常性給予」。否則，若該筆現金視為員工的經常性給予，將來在計算其資遣費及其他勞動給付時，必須列入「薪資」做為計算的基準。

律師的叮嚀

員工若獲得母公司認股權，當然是會覺得被肯定而欣喜萬分。但可別以為股票是母公司所發，就不需要課稅！公司也要提醒員工，其所得的差額屬於當年度的境內來源所得，應該要依法申報

所得稅。

　　公司發給員工認股權，是增加員工對公司向心力的好辦法，讓員工也成為股東，一起為公司的長程發展而努力。但一般公司也會在認股選擇權發行辦法中訂定「公司增刪發行辦法，不需取得員工同意」的條款，以免有修改發行之必要時無法取得員工同意。若採現金交割，公司還要注意要在相關文件明定該筆現金是否屬於員工的「薪資」，否則未來給付員工的資遣費及其他勞動給付也會相對增高。如何兼顧獎勵員工及維持雇主經營的彈性，是公司永續發展的重大考驗之一。

專家的建議

國際通商法律事務所會計師李訓鋒提供

　　如果員工的外國公司認股選擇權之履行是採實物交割，一般會要求員工開立一個該國的證券帳戶。但並非國外開戶、國外付款就不用繳稅，只要是在中華民國境內提供勞務所獲取之所得，仍是屬於中華民國來源所得。

　　除了給予員工認股權外，國外公司另有一種獎勵員工方式：以虛擬「單位」計算紅利酬勞給予員工，一般稱為「虛擬認股權計

畫」（Phantom Stock Plan），此「單位」的價值會隨公司的淨值或市價而變動，當「虛擬認股權計畫」到期或員工退休時，員工可以領取其擁有自計畫開始到結束所享有的單位增值部分，以及計畫期間應收到的虛擬股利（仍以現金發放）。例如，某公司的股票於虛擬認股權計畫開始時爲一股新台幣10元，當此計畫到期時，該公司股票上漲至一股新台幣60元，則員工可領取每單位新台幣50元及外加股利的金額。此種「虛擬認股權計畫」並非給予股票，但其優點是在不稀釋公司股東持股比率的情形下，亦可達到激勵員工的效果。

第8章
公司併購，員工去留？

　　布拉沃公司在各方面業務中，手機零件的設計製造特別出色，頻頻獲得大獎。這樣優秀的表現，被台灣數一數二的國際大廠優尼克（Unique）公司注意到，積極與布拉沃公司協商，雙方一拍即合，決定由優尼克公司收購布拉沃公司的手機零件製造部門，並要求移轉研發部門的相關業務員工，而留下非手機的業務及員工。大維一方面高興有機會成為國際大廠的員工，另一方面又擔心自己原有權益會不會受到影響，而且，大維覺得他所發明的專利是公司手機成功的命脈，於是要求新公司加薪留用他。

　　布拉沃公司有一百名員工，總經理錢柏恩（錢總）提了一份建議名單，將留下四十名非手機業務的員工，其他六十名則讓優尼克公司挑選。至於優尼克公司方面，在精挑細選後只想留用其中的五十名員工，對另外十名員工則無意僱用。而這五十名被通知留用的員工中，有五名因為不確定等原因，不想去新公司工作，而拒絕移轉，其中也包括大維，因為他的加薪要求被拒絕了；而因為他的研發也包含非手機業務，布拉沃公司同意繼續僱用他。

　　錢總要求雅萱妥善處理員工移轉問題，可別搞砸了併購的案子，必須兼顧公司及員工雙方的利益。雅萱深感責任重大，趕緊請教律師相關規定，以做出最好的安排。

相關法規分析

　　在公司併購的情形（包括合併、分割及收購等類型），依不同的併購態樣而可能產生不同的雇主公司主體變更情形。

　　在合併案件中，被合併的公司將會消滅，但存續公司的公司主體不受影響。因此對被合併公司的員工來說，可能會發生要移轉至新雇主存續公司的問題；但對存續公司員工來說，則沒有影響。在分割案件中，被分割出去的員工將可能加入新設公司，而有移轉問題。至於在收購案件中，雖然併購雙方的公司都繼續存在（如案例中的布拉沃公司及優尼克公司，以下以「舊公司」稱呼布拉沃公司、「新公司」稱呼優尼克公司），但對於與被併購業務相關的員工來說，因為他們可能隨同被併購的業務一起移轉，將會發生雇主主體變更的問題。

　　從舊公司的角度來看，要處理的是與員工終止勞動契約的問題；而就新公司的角度來看，則是處理如何接受新員工的問題。新舊公司必須協商好如何銜接這一進一出的關係，而員工有權利

決定是否或是在何種條件下加入新公司，就構成了移轉的三方關係（新公司、舊公司及員工）。

有些國家的法令規定，在併購情形下，員工可以「自動移轉」。但依台灣的勞動法令，併購時員工移轉原則上仍必須依照：(1)終止原有僱傭關係；(2)與新公司成立新的僱傭關係的架構來進行。因此，任何一方都可以不同意所謂的「員工移轉」。

假如公司的併購案件屬於企業併購法（簡稱企併法）規定的併購案件，依照該法第16條規定，新公司在併購基準日三十天前，應以書面載明勞動條件，通知商定留用的員工。而收到通知的員工，應該在十日內通知新公司是否同意留用。假如受通知的員工沒有在十日內表達是否同意留用，就被視為已經同意留用（默示同意）。要特別注意的是：企併法規定的通知程序以及默示同意機制，與勞基法第16條規定的預告期間（依年資而定，為十日至三十日）並不一致。如果公司的併購案件屬於企併法規定的併購案件，必須適用企併法程序；但如果公司的併購案件不屬於企併法的併購（例如只是少部分業務及人員的移轉，或是兩家外國公司的台灣分公司之間的移轉），那麼仍需依勞基法規定程序進行，並無「默示同意」的適用。

在新公司依企併法上述規定「以書面載明勞動條件」通知移轉

員工時，新公司有權決定給移轉員工的僱傭條件（例如薪水、休假及其他福利），不一定要比照舊公司原有的僱傭條件。不過，實務上比較常見的做法是：為了鼓勵員工同意移轉，新公司就移轉員工的基本薪資等條件會盡量比照舊公司的條件；但為了避免以後新公司有「一國兩制」的管理問題，在休假及福利措施方面則要求移轉員工在加入新公司後，就應該適用新公司的規定。

除了員工到新公司後的勞動條件應該以書面載明外，還要處理留用員工在新舊公司的年資問題。一般常見有兩種做法：

1. **新公司承認年資**：依企併法第16條第2項規定，留用員工於併購前在舊公司累積的年資，新公司應予以承認。也就是說，留用員工在舊公司累積的年資，將一併帶到新公司去，如同其僱傭關係沒有中斷過一般。

   這條規定，對於留用員工在舊公司有勞基法退休年資（即「舊制」年資）的情形時，特別有實益。依勞工退休金條例的規定，該條例於民國94年7月1日實施後，所有新成立的僱傭關係都要適用該條例規定的退休制度（即「新制」）。如果沒有企併法第16條第2項的規定，則因勞工退休金條例的原則規定，在員工移轉到新公司時，即必須全部適用新

制。但因爲企併法第16條第2項有特別規定，如果是適用該
法的併購案件，員工在舊公司爲適用舊制者，在移轉至新公
司時，還是可以繼續留在舊制。

2. **舊公司結清年資**：雖然企併法第16條第2項規定，留用員工
於併購前在舊公司累積的年資，原則上應由新公司予以承
認。實務上，併購雙方仍可能希望留用員工不要將累積的年
資帶過去新公司。如果希望留用員工加入新公司時，其年資
能夠「歸零」，可以由舊公司先與留用員工協商，將員工的
舊公司年資先行結清，留用員工再依零年資加入新公司。

　　至於結清方法，原則上舊制年資應依勞工退休金條例第11
條第3項規定，用舊制退休金公式計算；新制年資則比照新
制資遣費公式（新制年資×0.5個月平均工資）計算。

　　在併購案件中，新舊雇主可商定留用哪些員工，而被留用者也
可選擇是否接受。因此，可能有部分員工因爲沒有被留用或拒絕
留用，而無法移轉到新公司。對於這些不移轉的員工，依照企
業併購法第17條規定，應該由舊公司依照勞基法的規定進行資
遣。公司應該要依勞基法規定爲預告或給付預告期間工資，並且
給付退休金或資遣費後，終止僱傭關係。值得留意的是，依照民

國104年7月8日修正、105年1月8日施行之企業併購法第17條第2項，員工同意留用後，如於併購基準日前因個人因素不願留用，雇主亦應依法發給資遣費或退休金。相較於修正前之企業併購法第17條，現行企業併購法第17條第2項擴大了雇主發放資遣費或退休金之對象。對員工而言，則是放寬其決定是否留任之期限。亦即，如員工原本已同意留用，縱使嗣後（併購基準日前）因個人因素拒絕留用，仍得向雇主請求資遣費或退休金。

律師的叮嚀

在企業併購案件中，依併購雙方的財務需求、員工年資及適用退休金制度的情形，就員工移轉有不同的安排，其影響、利弊各有不同。尤其，針對留用員工在新、舊公司年資如何處理的問題，上述兩種做法皆可行。公司宜綜合考量併購雙方需求，還需考量員工的意願決定。

簡要來說，從併購雙方的角度來看，承認留用員工年資的好處是：因為員工年資將會移轉到新公司，在移轉的當下，舊公司不必支出結清年資所需的費用，而可以減輕舊公司在併購交易過程中現金支出的負擔。然而，新公司因為承認留用員工的年資，將造成其日後的資遣或退休成本的負擔。而從員工的角度來看，對

於適用舊制的員工來說，如果已快要符合退休條件，而且對新公司的財務能力有信心，可能希望移轉後繼續適用舊制，這樣退休時可以依舊制退休金公式領到較高的退休金。反過來說，如果員工年資尚淺，或希望「十鳥在林，不如一鳥在手」，就會希望舊公司先將年資結清，現金入袋為安，先拿先贏。

公司挑選留用與否的員工必須有正當理由，例如職務性質或對未來工作的適應潛力等，而不可以性別、年齡等理由來挑選，否則將涉及就業歧視的問題。

專家的建議

國際通商法律事務所資深顧問汪士邁提供

公司併購，在國際法及貿易實務上，通稱為merger and acquisition或簡稱M&A，在市場上是相當常見的商業模式。而M&A依當地法令的不同，也有許多不同的面貌，比如說有上市公司用公開市場上收購的方式（我們會常常看到所謂「惡意收購」就是其中之一），或是非上市公司以現金或其他有價值的財產（例如上市公司股票）來收購特定資產等等。

不管是哪一種M&A，通常都有一些基本的過程，買方一般都

會要求做「實地查核」（Due Diligence），針對賣方所要出售的資產或營運做進一步了解，以做為雙方談判的依據及最後價金的計算。而其中要了解的項目很多，包括公司的財務狀態、重要合約、政府執照、主要資產等。其中很重要的一塊，就是員工。而買方在看員工這一塊時，其實有兩個觀念。一是看看有沒有風險，比如員工與公司之間有沒有法律糾紛、退休金有沒有足額提撥等等。另一個觀念是把員工視為一個主要的資產，也就是為什麼要進行M&A的一個主要原因，這在高科技產業尤其明顯。買方可能會要求賣方在交割之前，能確保與一些重要的員工或經理人簽署較長期較嚴謹的僱用契約，或是有一些其他的安排。

買方在實地查核中，針對勞工議題，還應注意公司與經營團隊的委任，或僱用合約中是否有「黃金降落傘」（Golden Parachute）條款。公司的經營階層為因應併購時發生更換經營階層（change of control），通常會與公司簽有特別補償約定，一般稱為「黃金降落傘」。買方要特別注意是否有該類約定，而從買價扣除。「黃金降落傘」通常也訂有股權激勵計畫（option incentive）及高額離職金的約定，就算買家願意支付此等優惠，還需注意請該高階經理人簽署離職保密協定、禁言條款、保證條款，以免產生爭議。

第9章
公司說我「不能勝任」!?

　　布拉沃公司手機部門被併購時，大維的上司Tony選擇到新公司。從此，大維少了看他不順眼的Tony，而直接向國外母公司的技術長報告，獲得重用，步步高升，更因持續發明了許多專利，升上了科技部副總經理的高位，可算是公司的第二把手，也不用天天跑客戶公司開會了。

　　但公司的第一把手——錢總卻開始常常與大維發生爭執，說大維的發明不能符合業務需要，發明的專利形同一堆廢紙等等。大維覺得非常受辱，總是在會議上針鋒相對。

　　經濟不景氣，布拉沃公司業務竟然在一年內下滑將近三分之一，錢總所帶領的業務部門天天開會檢討。大維認為正是看好戲的時候，乾脆拒絕參加錢總召開的會議，樂得清閒，每天瀏覽臉書，用公司網路寫美食部落格，用公司郵件和同事聊天，用公司印表機印美女清涼寫真圖。雖然也有同事看不慣他的行為，但因大維對科技部的同事一向很好，大家也不好意思說什麼。

　　突然，錢總要人資長雅萱約大維面談，要他配合新業務方向提

出研發計畫，並限時改善出席會議的表現，否則將予以資遣。當著大維一向視為天使的雅萱面前被訓話，讓大維簡直無地自容，深信是錢總故意在整他。一氣之下，大維請律師寄存證信函給公司，表示他願意繼續提供勞務，但公司業務不佳是錢總的責任及大環境所致，要求公司不能資遣，否則他一定提告。

錢總也氣爆了，要求雅萱立刻請教律師如何以「不能勝任」、「不景氣」為由立刻資遣大維。

相關法規分析

勞基法限定了法定之資遣或解僱事由，若雇主未符合其中的資遣或解僱事由而終止僱傭關係，將是違法且無效的。「員工不能勝任工作」係勞基法第11條第1項第5款之法定資遣事由，雇主如本於該條款主張資遣員工，應依同法第16條及第17條支付資遣費及預告工資給員工。但，每項法定資遣或解僱事由都必須有具體事證，原則上均應由雇主負舉證責任。

公司要證明員工「不能勝任工作」，首先必須證明「員工的工作為何」。訴訟實務上，常見雇主與員工連這個最基本的問題都沒有共識。通常，薪水低、位階低的員工，其工作內容及範圍較容易確認；但若是服務業，或是薪資較高的高階經理人，雇主

可能自始至終都未曾告訴過員工「你的工作是什麼」。就本案而言，大維在公司的工作職責為何？是否在他每次升遷時均有明確約定？均屬關鍵。大維如果認為自己的工作就是研發專利，他確實已善盡職責，發明許多專利；而錢總若認為大維不能勝任，必須負舉證責任，例如每年年終考績核定的書面資料、公司其他員工的評語等。然而，一般在職員工害怕會影響自己的工作，大都不願做證，至於請其他已離職的員工做證更是困難。因此，人資部門的人事資料及平時工作上的溝通文件均為非常關鍵的證據。

一般實務上，雇主必須證明員工「客觀上」不能勝任工作，「主觀上」也沒有改進工作表現的意願。就客觀能力而言，大維是科技部主管，業績滑落看似與他無直接的關聯性，但他的發明是否不符業務部需求，乃屬客觀上的事實，可以用客戶的要求、公司產品趨勢等相佐證。近幾年來，實務上多要求公司給予員工改善機會，例如以所謂的「表現改善計畫」（Performance improvement Plan, PIP），給予員工明確的改善機會，其內容必須訂定明確的目前缺失、達成目標、協助方式等等，不得虛與委蛇，徒具形式。

至於「主觀上」不能勝任工作與否，一般均審酌員工是否「違反忠誠履行勞務給付義務」、「是否有改善意願」。就本案而

言，必須視公司要求大維改善時，大維的態度及反應。如果大維直覺認定是錢總對自己不友善，開始找律師、寫存證信函，而完全不理會與公司溝通以擬定改善計畫的內容，此舉反而顯示其「主觀上」沒有改善意願。

實務上，法院通常秉持「資遣或解僱是處理員工問題的最後手段」，雇主除了證明員工「不能勝任」，尚需證明其他手段已用盡，而仍不能解決該勞工的問題後，才能給予資遣。因此，雇主需視工作資歷及職位，給予員工適度期間的改善期，並給予輔導資源及溝通機會，如有可能，還需給予調職機會。

至於「大環境不景氣」，則涉及勞基法第11條第1項第2款之「虧損或業務緊縮」。實務上，法院採取越來越嚴格的認定，雇主若以抽象的「大環境不景氣」為由，必須提出具體的營業成績、報稅資料等為證，並非可簡單應付了事。

律師的叮嚀

勞雇雙方都宜認知，凡非「你情我願」的「分手」，都可能讓雙方付出慘痛代價。對勞工而言，若企業對自己冠上「不能勝任工作」的大帽子，可能往後找工作並不容易；對雇主而言，要證明勞工「不能勝任工作」，舉證責任在於雇主，如走向訴訟，必

須有雙方互掀爛帳的心理準備。

　大維「用公司網路寫美食部落格」、「用公司郵件和同事聊天」、「用公司印表機印美女清涼寫眞圖」等行為，事實上也可能涉及勞基法第12條第4項之「違反勞動契約或工作規則，情節重大者」。若是工作規則上明定不得有該種行為，卻明知故犯，也可能被紀律處分，情節重大者也可能導致被解僱，不可不愼。其實，做人做事都有口碑，大維何必爲了賭氣而賠上自己敬業的形象，更讓心中仰慕的雅萱看輕他呢？

專家的建議
國際通商法律事務所助理合夥律師蔡維恬提供

　勞基法第11條第5款規定，「勞工對於所擔任之工作確不能勝任」可爲資遣事由之一。該條款之規定雖僅簡單數語，但實務上爲保護相對弱勢的員工，法院於個案皆傾向從嚴解釋，且需符合以下數項不成文的要件：

1. 需有充足之人證、物證，足以證明該員工的表現不僅不佳，且遠低於標準，完全無法勝任工作。

2.公司試圖輔導該員工，對該員工進行一般至少三個月的「表現改善計畫」，但員工於期滿後仍無法達成改善目標；或公司已嘗試，但無法尋覓其他職務以安置該員工。

依過往經驗，一般公司對於「不能勝任工作」，大都是以口頭告誡，缺乏書面資料足以讓法院認定員工的表現確實遠低於標準。就算具有書面資料，也不乏記載員工「工作效率稍有改善」等正面評語，通常難以說服法院「不能勝任工作」的情形確實存在。因此，補強「不能勝任工作」之其他客觀證據，就顯得特別重要。例如，員工持續未能達成目標，且業績與設定目標落差過大，或多數客戶抱怨等，但是這些往往需要時間累積，才能取得足夠的證據。

為避免引起不必要的勞資爭議，公司發現員工工作表現不如預期時，宜盡速明確告知，並給予必要之幫助。及時溝通不僅有助員工改善其表現，從而於工作中獲得成就感，並且也有助公司業務之運作順暢，這才是雙贏的解決之道。

第10章
公司要我走！

　　錢總下決心要大維走路，但雅萱轉達律師的法律意見，說至少要進行三個月的表現改善計畫，然後才能資遣，而且還要給大維資遣費。錢總氣得大罵：「我認識那麼多的律師用卡車都裝不完，妳不會找個識相點的配合演出嗎？」雅萱忍住委屈解釋：「律師是母公司選的，而且，如果只是找律師給好聽的意見，將來禁得起法院的檢驗嗎？」錢總沒轍，但也不放棄，堅持要雅萱直接先給大維資遣通知，再問律師有沒有別的理由可以資遣。此外，他還到處逼問大維部門的同事，過了幾天，果然找到了有人指證大維，在上班時間用臉書及公司郵件罵錢總「智障無能」，這下子更是惹惱了錢總，宣示要出一口氣。他命令雅萱再發通知，改為直接解僱大維。

　　大維方面，早也感到風暴來臨的氣氛，一再向雅萱要求透露錢總的盤算。雅萱基於守密的專業及規範，堅決不肯透露口風，兩人竟形同陌路了。大維因此如坐針氈，天天查看新聞上公司因業務緊縮或員工表現而資遣的事件，更四處探聽離職員工如何訴求

或抗議的各種手段。

　大維先後收到資遣及解僱的通知，便找律師寄發存證信函給布拉沃公司，要求公司給付優於勞基法的資遣費，他就願意自請離職；否則他將不惜用盡一切手段抗爭到底。

　雅萱再次請教律師：「公司可以用什麼理由終止與大維的僱傭關係呢？公司已先給資遣通知後又解僱，是否站得住腳？大維如果想抗爭，他會怎麼做？公司該怎麼應對呢？」

相關法規分析

　依勞基法規定，由雇主片面終止僱傭關係的情形，一般分為兩種，一種是資遣，除應做預告通知外，並應發給勞工資遣費；另一種是解僱，不需預告也毋需給付資遣費。不過，兩種類型都必須符合法律所規定之要件：

　1.資遣的法定事由，僅限於：

　　(1)歇業或轉讓時。

　　(2)虧損或業務緊縮時。

　　(3)不可抗力暫停工作在一個月以上時。

　　(4)業務性質變更，有減少勞工之必要，又無適當工作可供安

置時。

(5)勞工對於所擔任之工作確不能勝任時。

2.解僱的法定事由一般亦稱爲「懲戒解僱權」，限於以下幾種情形：

(1)於訂立勞動契約時爲虛僞意思表示，使雇主誤信而有受損害之虞者。

(2)對於雇主、雇主家屬、雇主代理人或其他共同工作之勞工，實施暴行或有重大侮辱之行爲者。

(3)受有期徒刑以上刑之宣告確定，而未諭知緩刑或未准易科罰金者。

(4)違反勞動契約或工作規則，情節重大者。

(5)故意損耗機器、工具、原料、產品，或其他雇主所有之物品，或故意洩漏雇主技術上、營業上之祕密，致雇主受有損害者。

(6)無正當理由繼續曠工三日，或一個月內曠工達六日者。

要注意的是，雇主解僱員工的原因，除了第三款「受有期徒刑以上刑之宣告確定，而未諭知緩刑或未准易科罰金者」外，應自知悉其情形之日起，三十日內爲之。

　　大維罵錢總「智障無能」，應已構成「對於雇主代理人有重大侮辱之行為」，公司得直接解僱大維。如果公司已發資遣預告通知後，才發現員工有符合法定解僱事由之行為；或在預告期間內，員工才發生懲戒解僱事由者，因雇主預告資遣勞工時，是在預告期滿後始發生真正資遣之效力（也就是說，僱傭關係在預告期間仍有效存續中），公司仍得行使懲戒解僱權，而終止僱傭關係，以及不需給付資遣費。

　　一般勞工最常申訴的機構當然是主管勞工事務的各地勞工局，勞工可能密報公司違法，請求勞工局發動勞動檢查權，或請求勞工局發函要求公司與員工協調或調解，公司應循求公正客觀之調解委員，並將事證整理清楚明白，以利程序的進行。但勞工局並無權審斷解僱事由是否合法、資遣費數額是否合法，頂多以未能達成協調或調解而結案；且勞工局基於服務勞工的基本職責，無法過濾是否濫訴，必須一律接受勞工申訴，以致承辦勞工局官員的負荷也越來越大。

　　員工抗爭的方式形形色色，可能不斷發存證信函；也可能主張公司非法解僱而應回復其原職、公司資遣費給付不足、公司積欠加班費或其他費用、公司所指離職原因損害其名譽或隱私人格權等等，而提起民事訴訟；甚至可能主張公司用妨害自由方式強迫

其離開公司、誹謗其名譽、洩漏其個人隱私文件、侵占其留於公司的個人財物、非公司法定代理人而發資遣通知係偽造文書等等，而對公司負責人或其他執行資遣通知者提起刑事訴訟。但這些方法有無法律上的依據，員工及公司都要審慎評估、理性判斷，並做完善的準備。

除法律途徑外，離職員工亦常訴諸媒體，或請求民意代表參與在勞工局的協調或調解，甚至直接對外召開記者會指控公司等，引起社會大眾注意及同情。而公司則可以透過本身公關部門或公關公司，準備Q&A回覆外界詢問，要求媒體平衡報導以表達公司立場。

律師的叮嚀

公司於資遣或解僱員工時，應先考量是否具備法定事由。即使員工有違規不當行為，是否達到「情節重大」的程度而可逕行解僱，是一個抽象的概念，不能端視公司經營高層的喜怒而賭一時之氣。如果員工抗爭不休，一則可能讓公司勞民傷財，二則對公司的形象也有影響。當然，也有公司寧願讓頭痛人物走路，使公司內部營運順利，同時宣示及強化公司人事原則與立場，以回應抗爭。

倘若不願與員工爭訟,除了在資遣過程中應盡量尊重員工外,可試著達成合意終止僱傭契約,或視個案情形決定是否適宜支付較勞基法更優厚的資遣費。但也要一併考量其缺點:是否未來離職員工可援引此例?是否可能造成在職員工的負面影響?公司在給予員工資遣費時,如何讓員工確認無請求或訴訟權,以避免員工將來再行提起訴訟?

總之,公司面臨有資遣員工之必要時,與其事後亡羊補牢,不如事前妥善擬定預防及因應措施,同時也權衡是否進行資遣,才能避免或降低對公司的損害。

專家的建議

國際通商法律事務所助理合夥律師李彥群提供

近年來,一般覺得國內不景氣,資遣、裁員等案例也時有所聞,然而法院對於雇主所做資遣或解僱,在認定上越來越嚴格。就法律條文而言,許多法定事由都僅有寥寥數個字,例如「虧損」或「業務緊縮」,看似只要公司一有虧損或是業績下滑即可資遣員工。但實際上,不是這麼容易。尤其目前大部分的法院對於資遣的五項法定事由,均要求必須具備「最後手段性」,雇主

必須證明，除了資遣外，實在沒有別條路了，這往往也是訴訟上雙方攻防的重點之一。因此，雇主處理此類訴訟必須抱著「置之死地而後生」的態度，對於一審到三審訴訟的長期抗爭，也要有心理準備。

因此，雇主如果碰到可能發生資遣或解僱的情形，務必秉持「停」、「看」、「聽」的原則，也就是：「停」──不要貿然決定資遣或解僱；「看」──檢視個案事實情況並蒐集、整理相關人證物證；「聽」──聽聽律師的分析與建議。否則，「請神容易送神難」，要是一開始就草率便宜行事，將來要補救的難度就更高了。

第11章
大量解僱

布拉沃母公司忽然指示錢總，宣布即日起將逐批大量裁員。在公司自上次被併購後所留下的四十名員工中，只留下五分之一的員工，不足之預告期間則以薪資補償。

大維不相信這個壞消息，認為是錢總為了趕他走而禍及其他同事，世界上哪有這種先發個別資遣預告又發解僱信，然後又宣布大量解僱的事？大維更焦躁暴怒，反正被解僱後也不能上班，於是整天研究如何反制，逐一連絡部門同事，建議組成工會，對公司做長期抗爭。

人資長雅萱也非常震驚，立刻問公司是什麼理由要做大量資遣；而分批大量裁員的人選又要如何選擇呢？公司要雅萱請教當地律師，以合法進行，但告知理由是全球性的不景氣，也是全球性的裁員，必須在一個月內完成。

雅萱緊急請教律師：「公司將大量資遣員工，要求在一個月內完成，是否合法呢？是否可以就不足之預告期間以薪資補償呢？分批大量裁員的人選又如何選擇？大量解僱通知的對象及內容是

什麼呢？」

相關法規分析

大量解僱勞工保護法（以下簡稱大解法）與勞基法均有關於資遣勞工的規定，但內容則因立法本旨不同而有差異，例如提前通知期間之長短不同等。公司遇此情況，必須注意遵守二者的規定，而非擇一遵守之。

適用大解法的前提條件是，公司有勞動基準法第11條所定法定資遣事由之一，或因併購、改組而解僱勞工，且資遣人數有下列情形之一：

1. 同一事業單位之同一廠場僱用勞工人數未滿三十人者，於六十日內解僱勞工逾十人。

2. 同一事業單位之同一廠場僱用勞工人數在三十人以上、未滿二百人者，於六十日內解僱勞工逾所僱用勞工人數三分之一或單日逾二十人。

3. 同一事業單位之同一廠場僱用勞工人數在二百人以上、未滿五百人者，於六十日內解僱勞工逾所僱用勞工人數四分之一或單日逾五十人。

4.同一事業單位之同一廠場僱用勞工人數在五百人以上者，於六十日內解僱勞工逾所僱用勞工人數五分之一或單日逾八十人。

5.同一事業單位於六十日內解僱勞工逾二百人或單日逾一百人。

在計算員工人數時，「同一事業單位」原則上以在勞動關係上是同一個「雇主」組織為標準，常見的事業單位類型包括公司、外國公司在台分公司、合夥事務所等。但在同一個事業單位中，如果有不同的「廠場」，則在計算上述第1到第4條的人數時，必須以「廠場」為單位。實務上，一個公司中如有數個有獨立人事編制的單位（例如：A公司的桃園一廠、B公司的台北營業處），就可能被認為是一個「廠場」雇主。但是員工人數之計算，不包含就業服務法第46條（雇主聘僱外國人在中華民國境內工作）之定期契約勞工。

因大解法與勞基法係互為補充而非相排除或有所牴觸，故於大量解僱時，仍應適用勞基法規定：「非有」該法第11條或第12條規定情事之一者，「雇主不得終止勞工契約」（即一般所稱之法定資遣事由）。這項規定，並不因資遣規模適用大解法而有不同。若只遵守提前通知及資遣費規定，無理由或以非符合勞基法

的理由（如全球不景氣、全球性裁員）解僱勞工，並非合法，必須審慎研究如何適用勞基法的法定資遣事由。

　　大解法規定的通知期間為六十日，勞基法則規定三十日預告期間，一般雇主常誤解可以援引勞基法規定而以薪資代替大解法的六十日通知期間。事實上，大解法的制訂，是使工會或勞工代表團體，以及受衝擊的勞工，能及早知悉大量解僱的發生，而有機會形成員工共識，與雇主協商資遣條件、選擇去留員工標準等。若得以薪資代替此通知期間，此立法本意勢難達成。因此，大解法所定六十日前提出解僱計畫書規定，應與勞基法規定雇主的預告義務有別，雇主不得逕自援引勞基法規定，而以薪資代替預告。本案例中，國外母公司可能因為管控全球計畫等而有設定時程，但企業內部時程並不能牴觸各地法規，尤其勞工法規多屬強行法性質，即使公司與員工達成協議，仍有可能因違反強行法規而無效。

　　就分批大量裁員人選之選擇，必須是基於正當而非歧視性的理由，例如不能以性別、年齡，或是否有員工爭議紀錄或參加工會行為等為裁員理由。一般這些條件的決定，即是員工團體與公司協商時的重點。

　　雇主應在六十天前提解僱計畫書給勞工局，而假如公司設有工

會者，應第一優先通知該工會。解僱計畫書的內容應記載：解僱理由、解僱部門、解僱日期、解僱人數、解僱對象之選定標準、資遣費計算方式及輔導轉業方案等。在通知勞工後，並應與勞方協商解僱計畫，違法可罰十萬到五十萬元罰鍰。

律師的叮嚀

　　大量解僱是公司重大而不幸的決定，更涉及大量勞工之生計，尤有甚者，違反大解法之情節若被認定為惡性關廠積欠工資、資遣費、退休金，公司的實際負責人及董事長可能被限制出境，即所謂的「擺爛條款」。茲事體大，不可不慎！

　　大解法之預告期間雖不可以薪資補償，以利勞工有機會與雇主協商資遣條件。但如果雇主以薪資替代六十日通知，因此多給付勞工些微補償，對勞工而言未嘗不是更為有利。否則，縱使雇主做到六十日的提前通知，卻不願比勞基法所要求的資遣費再增加任何給付，法律上亦難強求。有鑑於此，實務上，如果雇主希望盡快結束與員工的僱傭關係，一個可以採行的做法是：雇主仍需依法在預定的終止生效日六十日前通知大量解僱計畫，但在通知後，可以與勞工進行協商，使勞工同意將實際終止生效日提前。（例如，雇主可以同意薪資發放計算至六十日期滿為止，而勞工

同意雙方僱傭關係在通知後十日即終止）。但要注意的是，此種協商仍需雙方同意，無法由雇主單方面要求。

　　員工如遭逢公司進行大量解僱，難免焦躁憤怒，但生氣於事無補，何不正面應對，冷靜理性地與雇主協商資遣條件。人生若跌到谷底，接下來也必定是往上走了。

專家的建議

國際通商法律事務所助理合夥律師陳素芬提供

　　依大解法規定，在大量解僱計畫通知後十日內，勞資雙方應該本於自治精神進行協商。若勞雇雙方不能在此十日內達成協議，就必須進入「強制協商」的階段。此時要由勞工主管機關、勞方及資方各推代表組成協商委員會，定期開協商會議，直到有協商結果或六十日期滿為止。

　　由於進入強制協商階段，勢必增加勞雇雙方的負擔，因此在個案處理上，建議雇主把握十天的自治協商期間，誠懇地讓勞工了解需要資遣的理由，並提出合理（甚至是比較優惠）的資遣方案，以與勞工達成協議。這樣可以達成雙贏的局面，而無需進入複雜的強制協商階段。

第12章
資遣費、薪資怎麼算？

　　布拉沃公司與員工進行資遣協商過程中，爭議的主要重點是關於資遣費的計算。員工主張：於94年7月1日勞退新制生效後，公司未經同意而在勞工新舊制選擇表上將所有員工選了新制，其實都不是員工所簽。因此，員工要求用舊制計算資遣費，否則要召開記者會，控訴公司偽造文書。

　　此外，業務部的員工一向是底薪制，重要的收入來源在於業務獎金。因此，該部門員工還要求，其平均薪資範圍必須包含業務獎金。但是公司認為業務獎金是獎勵性質，不算薪資的一部分，而且先前被收購的員工也曾領取資遣費，其計算基礎並未包含業務獎金。如果公司就此讓步，被收購的員工將來也可能向公司爭執追討，茲事體大，無法讓步。

　　雅萱加入公司是在94年7月1日以後，並不了解先前員工如何選擇新舊制之事，而前任人資已無從聯絡。於是，她請教律師：「如果公司代替員工填選新制，會構成偽造文書嗎？計算資遣費時，業務獎金該包含在平均薪資範圍嗎？先前被收購的員工可否

再向公司爭執追討資遣費短缺的部分？」

相關法規分析

資遣費的計算，按員工是適用勞工退休金條例制度（簡稱「新制」）或勞基法退休制度（簡稱「舊制」），以及其於公司任職是否在94年7月1日前而有不同：

1. 如果員工在94年7月1日前就任職於適用勞基法的事業單位，並選擇留在舊制：依勞基法第17條規定，**勞工工作年資滿一年應給與一個月平均工資之資遣費；未滿一年的剩餘月數，依比率計算；未滿一個月者以一個月計，發給金額沒有上限。**

2. 如果員工在94年7月1日後才任職，則一律適用新制。依勞工退休金條例第12條規定，**按勞工工作年資，每滿一年發給二分之一個月的平均工資，未滿一年的剩餘月數，依比率計算，但最高以發給六個月平均工資為限。**

3. 如果員工在94年7月1日前就任職於適用勞基法的事業單位，但於94年7月1日後選擇新制，則同時具有新、舊制年資，其資遣費計算，是按舊制年資計算的資遣費，以及按新

制年資計算的資遣費，分別依上開規定計算的總和，即是1＋2的總和。

勞退新制自94年7月1日起實施，於99年6月30日屆滿五年，適用舊制勞工如改選勞退新制，必須在99年6月30日前改選，以書面表明並親自簽名以「勞工退休金提繳申報表」送勞保局辦理提繳手續。選擇新制後，於法即不能再主張要按舊制計算資遣費。如果布拉沃公司的員工真的未曾選用新制，就應沿用勞退舊制。員工若主張公司偽造其「勞工退休金提繳申報表」上的簽名，是屬於刑事犯罪，員工必須證明偽造或變造，而不像勞工訴訟案件，一般係由雇主負擔舉證責任為原則。因此，員工必須自行或請求檢察官協助提出具體證據，例如尋求專家鑑定簽名筆跡，以證明刑事犯罪。

至於計算資遣費時的薪資基礎，依勞基法第2條規定，**工資為勞工因工作而獲得之報酬，包括工資、薪金及按計時、計日、計月、計件以現金或實物等方式給付之獎金、津貼及其他任何名義之經常性給予均屬之**。這樣的規定，幾乎將所有勞工領取的金錢都可納入薪資範圍，甚為廣泛，因此實務上檢驗工資之範圍，必須同時具備二要件：(1)勞務對價；(2)經常性給付。即使是勞基

法施行細則第10條所明文排除的項目，仍需以此兩項要件來認定薪資範圍。

　　勞基法施行細則第10條之項目為：

1. 紅利。

2. 獎金：指年終獎金、競賽獎金、研究發明獎金、特殊功績獎金、久任獎金、節約燃料物料獎金及其他非經常性獎金。

3. 春節、端午節、中秋節給予之節金。

4. 醫療補助費、勞工及其子女教育補助費。

5. 勞工直接受自顧客之服務費。

6. 婚喪喜慶由雇主致送之賀禮、慰問金或奠儀等。

7. 職業災害補償費。

8. 勞工保險及雇主以勞工為被保險人加入商業保險支付之保險費。

9. 差旅費、差旅津貼、交際費。

10. 工作服、作業用品及其代金。

11. 其他經中央主管機關會同中央目的事業主管機關指定者。

業務獎金或佣金是最具爭議性的一項給付。基於工資應為(1)

勞務對價；(2)經常性給付，就業務獎金或佣金之給付，若非雇主單方面可隨意決定是否給予，而是凡員工達成一定業績，雇主即必須按固定公式或制度上慣例計算而發放的，實際上極可能認定其已構成薪資的一部分。反之，若雇主雖常常發給員工業務獎金或佣金，但勞雇雙方簽有契約約定其非屬薪資範疇，且其金額高於社會一般水準，可能排除為薪資的一部分。因此，需按個案狀況以做判斷。

就資遣費之請求時效，依近年來最高法院判決見解，認為資遣費及預告工資兩者皆具有工資補償性質，且與民法第126條所例示之退職金及勞基法第58條規定之退休金性質相類似，其請求權時效，自應依民法第126條規定以五年計算為適當。

律師的叮嚀

資遣費的計算，按員工適用退休新舊制，以及是否在94年7月1日前就任職，而有不同。員工一旦改選適用新制，無法主張再改用舊制。

勞資之間發生爭議時，員工主張公司所持文件係屬偽造或變造等情事，時有所聞，但若無證據而隨意指控偽造，則有觸犯誹謗或誣告罪的風險。如果員工的確能舉證證明公司偽造文件而造成

其損失（按舊制計算的資遣費，比新制至少高兩倍），可主張公司的負責人及偽造行為人有侵權行為，而對其求償。

在業務獎金或佣金方面，只要非雇主單方面可隨意決定是否給予，而是凡員工達到一定業績即可請求者，一般認為屬薪資的一部分。尤其，若公司給予員工的「底薪」根本低於勞動部所規定的最低基本工資，而僅給予業務獎金或佣金，可能被認定是一脫法行為而無效。但，倘若員工本已有合法並合乎市場行情的固定月薪，而其領取業務獎金或佣金之條件，已簽訂契約約定非屬薪資，一方面員工依契約可以領取該業務獎金或佣金，而另一方面也有契約明示雙方真意，實務上就可能認定此等獎金或佣金非屬薪資，以符合雙方合意及誠信原則。

專家的建議
美商韜睿惠悅企管顧問公司總經理暨首席顧問王伯松提供

員工屬於新制或舊制，人資部門應該要做好完整的資料存檔。此外，屬於員工權益的事項，人資部門要經常與員工溝通，因此負責教育培訓的相關部門主管必須具備說明、溝通與處理問題的能力，並落實在日常的人員管理上。

　　通常，公司在考慮資遣費給付的標準時，首應考慮合法性，而勞基法是最基本的標準。再者，尚需考慮公司資遣的原因，是業務轉變或緊縮導致的資遣，或是員工個人能力問題導致受資遣，或是其他原因。另外，也有其他因素需要考量，非常重要的是，宜了解同一產業相類似情況下的市場做法為何，再來考慮如何設計優於勞基法的資遣費與後續配套方案（例如協助再就業等），讓員工能夠順利轉職。當然，在考慮設計優於勞基法的資遣費及配套做法時，除了基於對被資遣人員的考量，也要顧慮到留下來員工的感受，以期使整個流程順利完成。

　　薪酬與獎賞是主管在人員管理中極為關鍵的一部分，也是身為主管必須具備的知識與能力。任何有關薪酬的部分，員工通常都最為在意，其他與員工福利或權益方面相關的部分，也是非常敏感的問題。因此，人資主管除了確定合法性之外，在設計獎酬的項目與公式時，應該力求簡單與易於溝通。例如，本薪是與職責及市場行情連結，而獎金則是與個人、團隊或公司整體績效相關等。在個人薪資保密的原則下，人資應該從每一位員工到職開始，即清楚與其溝通每一獎酬項目的目的，清楚地說明、溝通與處理相關問題，自然會減少發生計算平均薪資、員工福利或權益方面的爭議，進而使獎酬工具成為激勵員工績效與士氣的利器。

第13章
資遣費可以免稅嗎？

　　布拉沃公司與員工組成的代表團體繼續進行資遣協商，大維雖然已被公司解僱，但仍每次出席，獲得員工們熱烈的擁戴，還封他是榮譽總理事。公司所派的協商代表是人資長雅萱，念及她與大維的多年情誼，就未堅持要大維離開。錢總因此而氣得七竅生煙，堅持大維必須離開談判桌，雙方為此吵鬧不休。

　　大維慷慨激昂地向同事們說，自己不能變成談判的障礙，寧願捨身成仁，同事們哭成一團，最後決定大維轉為地下軍師。檯面上重啟談判，雙方漸漸有所進展，大維的許多建議反而能獲得公司讓步。

　　但，大維在幕後提出所謂的「臨門一腳」時，卻「踢到鐵板」了。因為他建議員工提出最後底線，要公司「保證」所有在資遣時付給員工的錢都不必繳稅，除了資遣費，還包括公司在「預告期間」之工資也要列入資遣費範圍免稅；而若員工受資遣後尚未找到新職，向勞保局申領的失業給付也不必繳納所得稅。

　　雅萱再請教律師及會計師：「這些資遣費、預告期間工資及失

業給付是否要繳稅？公司可以保證嗎？」

相關法規分析

依我國現行所得稅法規定，個人領取的資遣費係屬退職所得之一種，除其中來自員工歷年自行繳付的儲金及其孳息外，應列入個人所得，課徵個人綜合所得稅。但其設有課稅門檻，是以財政部每年公布的「課稅門檻」乘以「服務年資」。例如，財政部公告計算退職所得定額免稅之金額，於104年度所得額之計算方式如下：

1. 一次領取總額者，是在175,000元乘以退職服務年資之金額以下者，所得額為零。

2. 一次領取總額者，於超過175,000元乘以退職服務年資之金額、未達351,000元乘以退職服務年資之金額部分，以其半數做為所得額。

3. 一次領取總額者，於超過351,000元乘以退職服務年資之金額部分，以全數做為所得額。

4. 分期領取退職所得者，以104年度全年領取的總額，減758,000元後之餘額，做為所得額。

以計算雅萱於104年資遣費的所得稅爲例，假設她有十年的年資，其計算爲：

17.5萬元（課稅門檻）×10（服務年資）＝175萬元。

(1)若資遣時她的資遣費未達175萬元，即不必列入退職所得計算；

(2)若超過175萬元而未達到351萬元（35.1萬元×10年＝351萬元），超過部分之半數計入退職所得申報；

(3)若高於351萬元，超出351萬元之部分必須全額申報計算個人綜合所得稅。

依國稅局之認定，如果公司給予資遣預告，但仍要求員工繼續工作至僱用關係終止日，依勞基法第16條第1項，此一預告期間係指：公司於法定預告日數前本應通知員工契約即將終止，以便員工有一段緩衝期。因此，於預告期間內，勞雇間之勞動契約仍未終止，僱傭關係仍存在，員工於此段期間因提供勞務而獲致之工資，仍屬薪資所得，必須課所得稅。

但，若公司是以「補償金」代替資遣預告期間，實務上認為，雇主因未給付或未給足員工預告期間，而要終止勞動契約。因此，雇主應補償員工該等日數之工資，該補償金仍具資遣費性質，應計入資遣費，並按上述公式來計算課稅門檻及課稅金額。

至於失業救助，其性質是屬於勞工保險給付。依所得稅法第4條第7款規定免納所得稅，所得人不必列入所得辦理綜合所得稅結算申報。

勞資雙方的談判，固然可以基於協商同意，而由雇主多支付員工一些費用；但若自行約定違反公法、強行法規的內容，例如要求雇主做所謂「免稅的保證」，並不能生效，亦無拘束力。因稅法屬公法、強行法的性質，稅務主管機關只認定課稅義務人，而按稅法規定課徵，不會因私下協議而有不同處理。

律師的叮嚀

如果我說納稅是國民的義務，會不會被丟雞蛋啊？至少，就資遣、退休、離職金而言，我國稅賦規定尚屬合理，大家該繳稅的還是要繳，不要債留子孫吧！

於大量解僱協商的案例，除了雇主本應給付法定資遣費外，有協議由雇主多支付員工一些安置補助金者、由雇主付費提供專業

輔導、由雇主承諾轉介予關係企業應徵工作者，或以提早退休方式給付相當於退休金的較優資遣費等協議內容，雇主宜本於誠意由最高主管告知員工不得不資遣的困境，台灣員工一般並不會做非理性的抗爭。

　　失業給付更是國家為了失業者的補貼救濟，企業或員工個人都應誠實以對。有些員工雖是辭職，卻要求公司開給失業證明，以便申請失業救助，可能涉及違造文書及詐騙，將有刑法罪責，不可輕忽！

　　所謂「保證」，有其法律上的意義及要件。一般所稱的保證，未必有法律上的效力。勞資協商時，若希望公司保證履行協商條件，就公司而言，必須屬可以保證的範圍；就個人而言，可要求負責人簽約保證以履行公司債務。

專家的建議

國際通商法律事務所會計師李振豐提供

　　對一般基層員工而言，退職所得之免稅門檻應已足夠排除大部分的資遣費於課稅所得之外，而不致引來沉重的所得稅賦。不過，對於中高階主管而言，其資遣費仍可能引來所得稅負擔，尤

其是資遣若發生於接近年終，員工將因併計退職所得至全年之綜合所得，而可能會適用更高的累進稅率。

因此，在互信基礎存在且合於資遣辦法規定的假設下，不妨部分或全部退職所得以分期方式給付，以避開較高的累進稅率，不失為一種可行方案。

第14章
勞資爭議之調解及仲裁

　　大維對於公司先予資遣、又改為解僱、繼而對公司員工做大量解僱之事，一直氣憤難平，更因為不能直接參加大量解僱的談判而需隱居幕後，也令他坐立難安。雖然老婆勸他算了，家人朋友的問候、一些勵志的簡訊圖檔，都讓他覺得是冷嘲熱諷。尤其當人資長雅萱發了一則「放下屠刀、立地成佛」的影片給他，告訴他所給的建議差點讓勞資談判破局，勸他不要再暗中參與協商，更讓大維感傷，連自己多年來的紅粉知己都背叛了他們珍貴的友誼，男子漢的尊嚴已經蕩然無存了。難道主張自己的權利錯了嗎？正義公理何在？這段時間，大維每天看日劇「半澤直樹」，聽到男主角的吶喊：「被整了，就要加倍討回。不只加倍，是十倍奉還！」更是心有戚戚焉。

　　大維決定請求地方勞工局來主持公道，有朋友建議他申請「調解」，也有人說應該申請「協調」比較快，另又聽說申請「仲裁」可以有較多的人來審理……。眾說紛紜，大維不知道其中有何差異及利弊如何？決定先申請調解再說。

　　布拉沃公司很快就收到了勞工局通知，要求公司提報調解人，做了那麼多年人資長的雅萱還是第一次遇到這樣的狀況，心裡對大維的不念舊情非常感慨。心情低落的她，還收到大維的訊息，要她好好準備全面開戰。於是，雅萱趕緊詢問律師該如何應對？

相關法規分析

　　我國勞動三法「勞資爭議處理法」、「工會法」及「團體協約法」修正配套於2011年5月1日施行，是台灣勞資爭議案件的主要法律依據。勞工如果向勞工主管機關提出救濟請求，即透過協調、調解和仲裁三種行政途徑之一，但協調是一種非正式的處理方式，並非「勞資爭議處理法」明定的處理方式，因此要注意的是調解及仲裁的申請要件及效力。

　　依「勞資爭議處理法」第11條規定，受理調解申請的主管機關應依申請人之請求指派獨任「調解人」或組成「勞資爭議調解委員會」（以下簡稱「調解委員會」）進行調解；主管機關也可以委託民間團體指派調解人進行調解。從主管機關收到調解申請書起至調解方案做成為止，如果是指派調解人的調解，約需二十天；如果是組成調解委員會所進行的調解，可能需時較長，達四十天以上。實務上，因申請人可能擔心獨任調解容易發生偏頗或

弊端，多申請由調解委員會調解。

　　勞資爭議可分為兩種類型，一種是「調整事項之勞資爭議」，指的是：「**勞資雙方當事人對於勞動條件如何調整、變更或主張繼續維持所產生之爭議而言，舉凡勞方因物價上漲要求提高若干比例之工資、加發獎金、增付津貼或要求減少一定工時等均屬之。**」另一種類型是「權利事項之勞資爭議」，是指：「**勞資雙方當事人基於法令、團體協約、勞動契約規定所主張之權利，究竟是否存在及一方之權利有無遭他方侵害所引起之爭議而言，諸如資方不依約發給工資、不給付資遣費、退休金或不具法定事由與法定程序任意解僱之類**」。

　　如果屬於「調整事項之勞資爭議」而調解不成立時，雙方當事人得「共同」向直轄市或縣（市）主管機關申請交付仲裁。事實是，欲達到雙方均願意交付仲裁的情形並不多見。但若直轄市或縣（市）主管機關認為有影響公眾生活及利益情節重大，或應目的事業主管機關之請求，得依職權交付仲裁，並通知雙方當事人。此外，於下列情形之一時，勞資爭議的當事人任一方即可申請交付仲裁，無需雙方「共同」申請：

　　1.如勞資爭議當事人之一方為「勞資爭議處理法」第54條第2

項所定不得罷工的教師、國防部及其所屬機關（構）、學校之勞工者，就「調整事項之勞資爭議」，任一方得向直轄市或縣（市）申請交付仲裁。

2. 如屬「勞資爭議處理法」第54條第3項所定限制勞工罷工的自來水、電力和醫院等事業，就「調整事項之勞資爭議」，雙方未能約定必要服務條款者，任一方得向「中央主管機關」申請交付仲裁。

主管機關受理仲裁的申請後，應依申請人的請求，選定「獨任仲裁人」或組成「勞資爭議仲裁委員會」（簡稱「仲裁委員會」），一般由三或五人組成仲裁委員會。由勞資爭議雙方當事人於收到主管機關請其選定獨任仲裁人或仲裁委員之通知日起，至仲裁判斷書做成為止，獨任仲裁人的仲裁時程可能達五十五天，仲裁委員會進行的仲裁則可能達到七十多天。

就「調整事項之勞資爭議」所做成之仲裁判斷，視為爭議當事人間之契約；當事人一方為工會時，則視為當事人間的團體協約。而就「權利事項之勞資爭議」所做成的仲裁判斷，於當事人間，與法院之確定判決有同一效力。但是，就這兩種仲裁判斷，當事人仍可向法院提出撤銷仲裁之訴，只是其起訴的理由限於程

序性事項，例如就仲裁委員會的組成違法、仲裁判斷基礎之證據係偽造、仲裁人關於仲裁有違背職務而犯刑事上之罪等情形，才能於仲裁判斷書交付或送達之日起30日內起訴。

而就「權利事項之勞資爭議」，勞工於調解不成立後，可向法院提起訴訟。

律師的叮嚀

台灣的主管機關受理勞資爭議件數於98年突破三萬件達到高峰，之後有降低的趨勢，103年主管機關全國受理勞資爭議件數為22,703件，台北市件數為4,403件；而較常見的爭議類別有積欠工資、給付資遣費、職災補償等爭議，大都是經由協調或調解處理，仲裁的案件極少。

勞資爭議調解或仲裁案的行政程序進行極快，若收受勞動主管機關通知，切勿延誤。倘若確有不能出席的正當理由，可以盡速聯絡主管機關或民間團體承辦人，申請請假或改期，以免受罰並留下不良印象。勞資雙方也可把握時效盡量達成和解，以免走向司法的程序，相對較為漫長而複雜。但若協調或調解實在無法達成協議，大都案件仍訴諸司法。而無論是選擇哪種途徑解決，勞資爭議發生已屬常見，對其相關的法令應做更多的了解，以分析

對勞資各方的利弊，而選擇適合的解決途徑。

專家的建議

中華人力資源管理協會前理事長陶尊芷提供

　　企業因為經營績效不佳、業務性質變更、營運策略改變或員工能力不足等因素，需要終止與員工之間的聘僱合約，應確實遵守相關法令，在情理法的考量下，提供雙贏的處置方案。

　　倘若終止僱傭關係係因員工能力不足，主管應明確告知員工績效未能達到標準的項目，告知應達成的工作目標，提供發展資源與協助，並給予合理改善時間。過程應以協助改善為前提，不應僅視為解僱員工的形式法定流程。因員工能力不足而產生的解僱，屬於資遣，應依法發給資遣費。

　　倘若終止僱傭關係起因於員工的重大違規事件，資方應該確定公司訂有明確的工作規則與行為準則，並經充分溝通且由同仁簽署同意遵守，懲處決策過程要確保公平公正，同時提供當事人充分說明的機會。

　　1.公司應建置客觀的員工申訴機制，避免員工因無法發聲而尋

　求外援。

2. 當員工被告知解僱消息時，一定會尋求他人協助，接受各種建議，包括調解、仲裁、訴訟等，都是員工可能訴諸法律的途徑。但是，當勞資爭議不可避免時，公司還是應秉持既有原則，如果確實無違法之處，不應在協商時做妥協，以維持組織紀律。

3. 勞資協商時，應要求直接主管參與，讓其了解不當領導產生的後果，不應完全由人資部門負責。

第15章
員工發明的專利屬於誰？

　　大維和公司纏訟之餘，卻也心力交瘁、漸生退意，於是接洽獵頭公司找新工作。獵頭公司聯絡了幾家高科技公司，都對大維發明的數十項專利感到驚豔，希望網羅他。其中，竟有先前併購了布拉沃公司手機業務的優尼克公司，願意出高薪聘請他擔任技術長一職。大維先打聽發現Tony已經不在那家公司上班，便接受了面試。他抿著嘴笑說：「早先你們併購布拉沃公司時，若答應給我在新公司加薪，不就省了這些折騰了嘛！害我『望穿秋水』喔！」其實，大維自己知道，當初他是想擺脫死敵Tony，才堅決不要和他一起移轉到新公司的。

　　但是，優尼克公司卻有疑慮：大維於布拉沃公司受僱期間的發明，其專利的相關權利是否都歸屬於該公司呢？於是要大維趕快查查：是不是簽了合約，將發明的專利權利都讓給布拉沃公司？

　　大維發現自己極有可能到優尼克公司擔任「技術長」，於是趕快跟先前已轉到該公司的老同事聯絡情感，並撂下「I shall be back!」的豪語，感到十足的面子加裡子！但是，他實在不記得

自己簽了什麼約，不是只有一張僱用合約嗎？只好厚著臉皮去請
教雅萱。雅萱雖然和大維的交情已不如前，但仍然很快地找出檔
案，原來他所簽的僱傭合約中即包含智慧財產權的移轉，白紙黑
字的英文合約寫了：「受僱人不得享有『職務上發明』及『非職
務上發明』之權益，公司無償取得相關一切權利。」大維聽了很
生氣，公司的合約都是英文，又全是法律用語，他根本有看沒有
懂，那樣的合約也有效力嗎？

　　大維急忙請教律師：「員工於公司受僱期間之發明，其專利權
的相關權利歸屬於哪一方呢？若員工已經簽署了智慧財產權移轉
合約，也就是包含了專利權的移轉，將發明作品的專利權都移轉
給公司，可以主張因為是不了解英文及法律內容而無效嗎？」

相關法規分析

　　就專利法的規定而言，綜合專利法第7條至第9條之規定，其
權利歸屬的原則為：

1. 職務上完成之發明、新型或設計（以下一併簡稱為「發
　　明」），除契約另有約定外，以雇主為專利申請權人及專利
　　權人，雇主應支付適當之報酬，且受僱人有姓名表示權。

2.非職務上所完成之發明，其專利申請權及專利權屬於受僱人。若受僱人利用雇主之資源或經驗而完成發明者，雇主於支付合理報酬後，得利用該發明。

3.就非職務上之發明，契約如約定受僱人不得享有其發明之權利者，該契約無效。

專利法依據員工之發明是否屬於「職務上之發明」，來判斷勞雇雙方如何用契約約定專利權的歸屬。「職務上之發明」，是指「受僱人於僱傭關係中之工作所完成之發明」。若依條文的文字解釋，「職務上發明」的認定範圍相當狹隘，但在實際運用上，如員工在午休時間與同事聊天時有所發想，其後於上班及下班時間寫出發明專利，是否屬於其工作所完成之發明？此點仍需依綜合情事而判定專利權的歸屬。一般而言，員工若利用公司之資源（包括上班時間及使用公司電腦等）所產生之發明，可能即認定為「受僱人於僱傭關係中之工作所完成之發明」。反之，若員工是非經公司指示，自行於下班時間用個人電腦而撰寫其發明，且該發明與該員工之工作及公司之業務無關，該發明即可能屬「非職務上之發明」，除專利權屬於受僱人外，雇主即使支付合理報酬後，僅得實施，尚無法取得專利權。

在現行專利法的規範下，布拉沃公司僱傭契約內有關智慧財產權歸屬之條文，因約定使受僱人不得享有「非職務上發明」之權益，應屬一無效規定。但合約中就「職務上發明」之約定為有效，即發生一份合約部分有效、部分無效的情形，至於是否導致合約全部失效，必須就個案情形做判斷。

一般認為，即使是「非職務上發明」，如雇主已經和員工簽訂了專利權移轉或授權契約，只要支付合理報酬，公司應能繼續使用專利權。如果公司要求員工無償移轉發明之專利權，則有違保障員工權益之立法意旨，應屬無效。

至於合約是以英文撰寫並含有法律用語，員工於簽署前應詳讀並確認了解其內容。若無英文閱讀能力，且公司並未幫助員工了解內容，員工當然有爭執之餘地。不過，公司於聘僱員工時，若就英文能力已有所要求，實務上以爭執無法了解英文法律契約而致契約無效之案例，並不多見。

律師的叮嚀

我國專利法係依據員工之發明屬於「職務上之發明」或「非職務上之發明」，來判斷勞雇雙方如何可以用契約約定專利權的歸屬。簡要言之，若屬「職務上之發明」，除契約另有約定外，權

利歸屬於雇主，員工仍享有姓名表示權（發明人）；而一般實務上，多以雇主支付員工的薪資即包含此權利歸屬的適當報酬。

至於非職務上所完成之發明，其專利申請權及專利權屬於受僱人。然而，如果受僱人利用雇主之資源或經驗而完成發明者，雇主於支付合理報酬後，得利用該發明，但非取得該權利。為求明確，勞雇雙方得約定，若受僱人有「非職務上之發明」，應於發明後一定期間（例如一～六個月內）以書面向雇主說明。

就勞工在僱傭關係期間之發明，其智慧財產權的權利歸屬，專利法僅有原則性的規定，勞雇間應做更詳盡的約定。尤其，近年來科技大廠互相控告專利權侵害之案件頻繁、賠償金額龐大，在在顯見專利權歸屬之重要性。就任何一個重視研發的公司而言，合理的智慧財產權約定及有效的執行，實在是不可輕忽的！

專家的建議

國際通商法律事務所資深合夥律師**邵瓊慧**提供

雇主於僱用員工，尤其是具備技術專業之員工時，通常都會在僱傭契約約定員工於職務上創作成果之智慧財產權歸屬，包括專利、技術know-how、營業祕密、著作權等。其目的即在於員工

利用公司之資源、設備而有研發或產出時，公司既已支付薪資或相當報酬，該等權利自應屬公司資產並使其得加以利用。

實務上，在員工離職時，常誤以爲其於職務上之發明或產出既然是自己苦心研發所得，自然可以帶走或加以使用。因此，可能會造成後續與原雇主間之糾紛，包括專利申請人之歸屬、著作權侵害，或是營業祕密之使用或洩漏等爭議。職是之故，員工在離職時，最好釐清其與雇主間相關權利之歸屬，如果有非職務之發明或創作，應該加以區隔辨明，以免發生紛爭。

對雇主而言，除了於僱傭契約約定員工於職務上及非職務上創作成果之智慧財產權歸屬外，也應對於研發部門之員工，如何評估技術價值、是否申請專利、給付發明合理報酬之標準等，採取完善透明之機制，以平衡勞雇雙方的權益。

第16章
我成了派遣員工？

　　大維將律師出具的法律意見書拿給優尼克公司看，坦白告知，他和布拉沃公司所簽的僱傭契約內有關智慧財產權歸屬之條文，部分有效、部分無效。但他也向優尼克公司保證一定繼續發明出很好的專利，尤其布拉沃公司已經關廠，何足畏懼呢!?

　　就憑這份自信，大維受錄取到優尼克公司上班了，大維覺得是逆轉勝的時候到了！此時，公司總經理卻告知，因為他和前公司還在打官司，目前不能給他正式員工的職位，要他先做「派遣員工」，也就是用當初仲介他來的獵頭公司為雇主，再派到新公司上班。

　　大維頓時覺得好像從天堂掉入地獄，尤其讀了僱傭合約後，發現他的合約是一年的定期契約，而且還是可以被隨時終止的！大維心想，自己畢竟經歷過大風大浪，也算過盡千帆，總該長點智慧，點破這些雕蟲小技？但轉念間，想起日劇「派遣女王」，覺得也沒什麼大不了，只要薪水一樣，工作內容及地點一樣，何不勉強答應，以時間換得空間，以後再跟公司爭吧！只是，為了防

患未然，還是請教一下律師所謂「派遣」是怎麼一回事？

相關法規分析

就派遣關係而言，真正要使用員工的公司是「要派單位」，名義上僱用員工的則是「派遣單位」。勞動部於103年2月6日審查通過「派遣勞工保護法」草案，明訂了關於要派單位、派遣單位、派遣員工三者之間的關係，並呼籲企業減少派遣工。目前，修正草案要點包括：

1. 要派單位及派遣單位應訂定書面要派契約，並應提供派遣員工一份派遣工作單。

2. 派遣單位應與派遣員工簽訂不定期契約。

3. 要派單位不得指定派遣特定員工，否則將視派遣員工為要派單位之自僱員工。

4. 派遣員工如於同一要派單位工作滿一年，並繼續為其提供勞務者，得以書面向要派單位提出訂定勞動契約之意思表示。要派單位若未於收到通知之日起十日內以書面表示反對者，即視為成立與派遣員工的不定期勞動契約。

5. 就性別工作平等法規定之性別歧視、性騷擾防治、哺乳時

間及工作時間調整、就業服務法規定之就業歧視禁止，以及勞動基準法規定之工作時間、休息、休假、童工及女工等，要派單位有視同雇主之責任，並不得拒絕、妨礙或限制派遣員工依法請假或申請育嬰留職停薪。

6. 要派單位有責任確認派遣單位已依法完成獲得工會或勞資會議同意之法定程序。

7. 禁止僱傭或使用未滿十六歲之人為派遣員工。

8. 於派遣單位積欠工資時，要派單位應負給付工資之責任。

9. 依「同工同酬原則」，派遣員工之工資不得低於在要派單位從事相同工作性質、內容及職務員工之工資。但基於績效、工作經驗或其他非因派遣勞工身分之正當理由者，不在此限。

10. 派遣員工於要派單位發生職業災害時，要派單位與派遣單位對於職業災害補償有連帶責任。

11. 派遣員工於要派單位工作期間之工資、使用設施、設備與托兒措施及工作機會資訊權，應受均等對待權益之保護。

12. 就派遣單位採行派遣業務登記管理制，並應定期提報派遣相關資料。

13. 採負面表列，禁止僱傭或使用下列人員為派遣員工：(1)醫

事人員；(2)保全人員；(3)航空人員；(4)漁船船員以外之
船員、遊艇駕駛、動力小船駕駛及助手；(5)大眾運輸行車
及駕駛人員；(6)採礦人員；(7)其他經中央主管機關公告之
工作者。

14. 使用派遣勞工的人數設有上限，包括政府機關在內，不得
超過總僱傭人數的3%。

15. 未來立法院三讀通過並由總統公布後一年才正式實施，關
於3%的比率上限，則於公布三年後才會實施。

16. 如企業違反讓派遣跟正職同工同酬之規定，可罰三十萬元
至一五○萬元罰鍰；如違反派遣使用比率上限，可罰九萬
元至四十五萬元罰鍰。

大維的新公司所稱不能僱傭大維做正職員工的理由顯然牽強，
而大維仍有勞動派遣法的保障，例如所簽一年定期契約，並可以
被公司隨時終止等條件並不合法。這些違反法律的契約約定，反
而是公司違法的證據，大維還是可以向公司要求依法行事。

律師的叮嚀

依據我國主計處公布之「103年人力運用調查」，103年5月從

事臨時性或人力派遣工作者為五十九萬八千人，占總就業人數比率5.41%，而派遣工的平均薪資約為一般正職員工薪水的75%。此外，一般認為官方數字低估實際的派遣人數，可見派遣工作是趨勢所在，勞資雙方都要有因應的準備。

派遣本身不是問題，問題在於企業濫用派遣制度。其實，無論在台灣或其他國家的勞動市場，近年來為因應高度競爭之市場，發展出許多非典型勞動關係，例如部分工時人員、臨時性工作或人力派遣，此類工作型態占全體就業者之比率連年提高。

派遣可幫助雇主快速獲得人力，以因應經營上短期性或不可預期的需要，勞動部訂定派遣法以保護派遣員工，應給予掌聲！期望的是，能進一步訂定依據不同產業，以及不同勞工年齡、職業、其他特殊情形，而有不同的僱用上限，以反映實務上的派遣需要。例如，服務業對派遣的需求比農業高；生產操作員的派遣比率在各職業中最高；零售量販業常有季節性或短期性需要大量派遣勞工；用人規模較大的企業使用勞動派遣的需求，可能遠大於小型企業等等。基於此，採用不同的派遣上限，方能符合業界的需求，同時還能保護勞工的權益。

專家的建議

藝珂（Adecco）公司東北亞區總監陳玉芬提供

非典型人力之運用在全世界已行之多年，外商企業在沒有足夠員工配額的情況下爭取當地人力資源、本地大型企業彈性運用非核心工作派遣，以及中小型企業之短期或專案之補充性人力需求等，為人力派遣之大宗。政府理應訂立完善法規來規範這特殊的三方關係，雖然勞動部訂定派遣勞工保護法草案，但對於人才派遣與外包之定義依然模糊，易引起糾紛。建議政府單位應該針對派遣與外包之管理權責與責任歸屬做明確定義，也應對派遣公司之設立與管理訂定具體的資格限制與管理，並掌握人才質與量的變化，提升人才運用。公司也要慎用彈性人力方案，選擇優良合法的派遣企業夥伴，畢竟人才為企業最重要之根本。

求職者也不必排斥派遣工作，而是應該了解合約內容及三方關係與權益，新鮮人利用各式派遣機會，學習不同技能與公司文化，進入門檻高的大型企業也大有人在。在高度競爭的職場環境，終身僱用已不再，只有不斷學習適應職場變化，定期審視職涯發展，才能成為不被淘汰的搶手人才。

第17章
職業安全衛生法保護誰？

　　大維到了優尼克公司上班沒多久，昔日上司Tony竟出現在辦公室，嚇得大維一身冷汗。這是怎麼回事？大維私下詢問才知道，Tony是外派大陸的期限屆滿，回來台灣分公司上班了，而且仍然是他的主管！他嘔到快吐血，不滿地問：「為什麼技術長還有上級呢？」Tony冷笑：「我的名片是總公司發的，跟你的名片長得不一樣，所以我的命運跟你的當然也不一樣囉！Anyhow～說給你這種local的人聽，你聽得懂嗎？」隨即命令大維要每天交研發專利進度報告。

　　大維千頭萬緒，心裡好生後悔，但為了面子問題，可不能走回頭路。他只好拚了命地日夜加班，沒想到，第二個月出差到客戶公司討論產品設計時，竟體力不支，在客戶公司的會客室昏了過去，還摔傷了頭。更慘的是，大維住院三天，竟無人聞問！

　　大維想到布拉沃公司親切的人資長雅萱，不禁悲從中來，傳了LINE向她求助。雅萱心軟，不計前嫌地安慰大維，教他向公司請求依「職業安全衛生法」對他在「勞動場所」發生的職業災害

負責。大維依言到公司的人資部投訴，卻只在那裡見到一位工讀生，對方斜眼看著大維說：「等我老闆出差回來才能回覆你，」又說：「公司是個五十人不到的小公司，怎麼會適用什麼『職業安全衛生法』。何況你是派遣人員，又是出差，並非是在辦公室受傷的，公司怎麼會賠呢？」所以，他勸大維不要沒事找事。

所幸，大維總有美女天使守候著他。優尼克公司的人資長林海綸（Henna）從國外出差回國後，聽到工讀生報告關於大維的投訴，立刻聯絡大維，請他不要擔心，並表示會代向律師諮詢，再依法處理此事，還親切地問大維何時回公司上班？大維想到Tony，心生一計，表示希望在家工作，因為他實在不想再看到Tony的嘴臉了。

於是，Henna請教律師：「以派遣勞工的身分，員工該向哪個公司主張權利，要求賠償呢？倘若同意讓大維在家工作，又該如何處理呢？」

相關法規分析

自102年7月3日公布修正並更名的「職業安全衛生法」（簡稱「職安法」），擴大了適用範圍並全面提高要求標準，適用對象從原製造、營造等十五類行業擴大至所有行業。受保護之工作

者，除受僱勞工外，尚擴及自營作業者及其他受工作場所負責人指揮或監督從事勞動之人員，其中也包括派遣人員，都是在受保護的人員之列。

職安法就保障場所的規定，由雇主能支配管理之「工作場所」，擴大至所有「勞動場所」，即包括雇主要求勞工出差，亦應採取必要之預防措施，以免勞工發生職業災害。

為預防「過勞死」等職業病之發生，強化勞工身心健康保護，職安法訂有「防過勞條款」，要求雇主對於「重複性作業」、「輪班、夜班、長時間工作等異常工作負荷」等情形，應妥為規畫並採取必要的安全衛生措施，違者處三萬元以上、十五萬元以下罰鍰。如果導致「職業病」發生者，最高得處三十萬元罰鍰。對於有害健康的作業場所，雇主並應實施作業環境監測。監測計畫及結果應公開揭示，並通報中央主管機關。

而為強化勞工健康管理，職安法要求雇主依勞工健康檢查結果採取健康管理分級措施。僱用勞工人數五十人以上的事業單位應僱用或特約醫護人員辦理健康管理、職業病預防及健康促進等勞工健康保護事項。

基於此，無論小公司或大公司，都需依循職安法的規範。如果達到僱用勞工人數五十人以上之公司，則尚有義務僱用或特約醫

護人員辦理健康管理、職業病預防及健康促進等勞工健康保護事項。所以，大維的新公司所稱小公司不需適用職安法的說法，並不正確，而即使是不知法律而觸法，仍不能免除其責任。

至於「在家工作」，並未免除雇主依職安法所應負擔之責任及義務，例如該法規定：勞工工作場所之建築物，應由依法登記開業之建築師依建築法規及本法有關安全衛生之規定設計；工作場所如果有立即發生危險之虞時，雇主或工作場所負責人應即令停止作業，並使勞工退避至安全場所等等，雇主仍需確定員工在家工作的環境是否符合這些規定。

律師的叮嚀

職安法所保護的工作者，除受僱勞工外，也包括派遣人員，尤其所謂派遣員工，並非任憑要派公司及派遣公司所片面要求，也要依實際的工作從屬、指揮監督等而認定，並期望未來立法通過的派遣法將有所規範。

職安法所保障場所也已由「工作場所」擴至所有「勞動場所」，即包括雇主要求勞工出差，公司應採取必要的預防措施，以免勞工發生職業災害。而隨著時代的演進，目前在家工作的情形也漸漸增加，公司最好在合理可行的範圍內，為在家工作者提

供必要的預防設備或措施；否則，若在家工作者於居家工作時受傷，是屬於其自身居家環境的問題？或雇主需承擔的責任？勞雇雙方應事先協議，方有認定責任歸屬之依據。

專家的建議
前杜邦遠東石化公司安全環保經理鄭豪杰提供

我們常聽到：「國際公司的職業安全衛生管理比較好。」也常聽到職業安全衛生與環境保護是確保永續經營的基石。我的工作心得是多數的國際公司確實相信「職業安全衛生是事業經營不可分割的一環」，致力於架構性的推展。

以杜邦為例，公司明文宣示：「安全與衛生、環境保護、高道德標準、對人尊重是公司的核心價值觀」，「安全衛生是各階層主管的責任」，「安全是員工的僱用要件之一」。杜邦總裁更嚴肅宣告他是公司的最高安全執行官，對公司的職業安全衛生，他負全責。

在國際公司，安全第一是說到要做到的，例如：每一個員工的入職訓練、每天的作業早報、每一個工作的標準作業書制定、每一個單位的績效匯報、每一個主管與個別下屬面對面的年終績效

討論，職業安全衛生必定列為第一個要項。

在生產營運上，工程師、技術專家、安全專員必須通力合作，將安全衛生保障納入生產設施的設計與生產流程的規畫；生產主管必須領導員工一起討論、規畫與建立安全生產的作業能力，進而持續改進，尋求最適化。員工在這方面的參與及努力，是評估其專業適任能力與未來職務發展的一個要項。

在此一架構下，當一個員工在定期或不定期的會議上提出安全顧慮或安全提升建議時，是專業的，是熱忱的，是會引發討論的。員工在公司的職業生涯過程，有如歷經「與成功有約」的依賴（dependent）→獨立（independent）→互賴（interdependent）的成長，自然而然地自我提升專業性與團隊精神。在這個架構下，當各階層單位主管在各個營運簡報中，分析生產安全、人員流動、團隊專業能力、當期營運績效與下階段的發展計畫時，「以原則為導向的領導」（principle-centered leadership）貫穿了公司的營運架構。

將職業安全衛生細緻地納入公司的「願景／使命／策略／計畫執行」的整體營運架構，職業安全衛生與各項公司營運推動同步開展，不但是深入有效的風險管理，更能提升團隊能力，確保永續發展。

第18章
假請太多了嗎？

大維出院回家後對什麼都推託，一副「了無生趣」的樣子。而老婆因為第二胎即將生產，特別焦躁不安，看到電視報導一個失業勞工帶全家大小燒炭自殺的新聞，竟徹夜難眠，而一旁的大維卻睡得鼾聲如雷。睡醒後，他勸老婆：「人生在好、不在長。」

大維討厭老婆碎碎念，但捫心自問，也知道自己是心理上不想回公司受Tony的氣。每天上網玩遊戲之餘，他也在網上查了查勞工可以請哪些假？畢竟一網在手，天下無敵。網路資訊多到爆，大維眼花撩亂，看到什麼就轉貼用郵件寄給公司，申請病假、陪產假、產檢假、哺乳假、育嬰假、家庭照顧假、年休假、事假、選舉投票假、留職停薪假……。Henna收信後打電話給大維，勸他別鬧了，快點回來上班吧！大維問她：「我回來上班當日午休時，聚餐討論一下如何？」Henna欣然接受。

午餐時，Henna趕緊提醒大維要按公司請假規則遞交假單。大維反感地問：「為什麼不能以郵件為憑，而要用公司的制式假單？身為人資，見到久病的同事，不該先問候一下嗎？」Henna

耐下性子解釋，請假需獲得主管核准。大維一聽，馬上跳起來，要他去拜託Tony?!在怒急攻心下，竟昏了過去（眞假難辨）……隔幾天，大維主張是在公司午休外出用餐跌倒的職業傷害。

Henna緊急跟總經理討論後，決定讓大維在家工作。大維彷彿死裡復活，寫了一句話傳給Henna及老婆：「人的差別，就在於智慧與耐性！」

Henna這下臉都綠了，請律師以書面提供法律意見：「員工可以請的假有哪些？如果員工未按公司請假規則辦理，公司可以不准假嗎？」

相關法規分析

自105年12月21日起實施周休二日，每七日有二日休息，其中一日爲例假日（可爲一周之任何一日，一般以周日爲例假日），另一日爲休息日。即使「七休一」已可放寬爲「十四休二」，但每週仍有一天例假日及一天休息日，就可否加班及加班之補償，有不同之規範。

其他爲給予勞工休息的假日有：特別休假（一般亦稱「特休假」或「年休假」）、國定假日。

105年12月21日之修法爲提高資淺勞工特別休假權益，將勞

工特別休假改為：

(1)年資六個月以上一年未滿者：三日；

(2)年資一年以上二年未滿者：七日；

(3)年資二年以上三年未滿者：十日；

(4)年資三年以上五年未滿者：十四日；

(5)年資五年以上十年未滿者：十五日；

(6)年資十年以上者，每一年加給一日，加至三十日為止。

雇主於勞工符合特別休假條件時，應告知勞工排假，排假之期日應由勞工決定，唯雇主基於企業經營上之急迫需求、或勞工因個人因素時，得與他方協商調整。如因年度終結、或契約終止時，特別休假有未休完日數，雇主應給付工資補償，如屬因年度終結而未休完者，經勞雇雙方協商可遞延至次一年度實施。

至於國定假日，依內政部公告再加計勞動節（5月1日）放假日共十二天。

除此之外，勞工請假規則、性別工作平等法（以下簡稱「性平法」）規範了適用勞基法之勞工的各種假別：

1. **傷病假（一般簡稱病假）**：勞工因普通傷害、疾病或生理原因必須治療或休養者，得在下列規定範圍內向公司請普通傷病假：

(1)一般：未住院者，一年內合計不得超過三十日。

(2)住院：二年內合計不得超過一年。

(3)未住院傷病假與住院傷病假，二年內合計不得超過一年。病假一年內未超過三十日部分，半薪；領有勞工保險普通傷病給付未達工資半數者，由雇主補足之；超過三十日部分無薪。

2.**傷病留職停薪假**：勞工普通傷病假若超過法律規定的上述期限，經以事假或特別休假抵充後仍未痊癒者，得予留職停薪。但留職停薪期間以一年為限。

3.**公傷病假**：勞工如因職業災害而致殘廢、傷害或疾病者，其治療、休養期間應給予公傷病假。雇主應按其原領工資數額予以補償，不應視為缺勤而影響其年終考核獎金之發給及晉薪之機會。

至於勞工午休期間外出發生意外，是否屬於職災，則有不同見解：

(1)依勞動部74年7月31日勞司發字第1098號函略以：「**勞工如於中午用餐休息時間返家或外出，而於返回公司上班途中所發生事故，難謂因公受傷。**」因此，非屬職業災害。

(2)依勞工保險被保險人因執行職務而致傷病審查準則第17條規定:「**被保險人於工作日之用餐時間中或為加班、值班,如雇主未規定必須於工作場所用餐,而為必要之外出用餐,於用餐往返應經途中發生事故而致之傷害視為職業傷害。**」

4.**生理假**:依性平法規定,女性受僱者因生理日致工作有困難者,每月得請生理假一日,雇主不得拒絕。依性平法施行細則,受僱者申請生理假無需檢附相關證明文件;而生理假的薪資無論是否併入病假,均減半發給。

5.**產假及流產假**:

(1)女性受僱者分娩前後,產假八週;

(2)懷孕(妊娠)三個月以上流產者,產假四週;

(3)懷孕二個月以上未滿三個月流產者,產假一週;

(4)懷孕未滿二個月流產者,產假五日。

就八週產假及四週之流產假,受僱六個月(含)以上者,全薪;未滿六個月者,半薪。一週及五日之流產假,無薪。受僱者為此請求時,雇主不得視為缺勤而影響其全勤獎金、考績或為其他不利處分。勞工亦可就流產請休普通傷病假,而普通傷病假一年內未超過三十日部分,仍可

有半薪。

　計算產假期間，應依曆連續計算，如遇例假、紀念節日及依其他法令規定應放假之日，均包括在內，不另給假。

6.**產檢假**：受僱者妊娠期間，雇主應給予產檢假五日，全薪。必要時，雇主得要求受僱者提出證明文件。

7.**陪產假**：受僱者之配偶分娩時，陪產假五日，全薪。受僱者應於配偶分娩之當日及其前後合計十五日期間內，擇其中之五日請假。

8.**安胎假**：懷孕期間若需安胎休養，治療或休養期間併入住院傷病假計算，兩年內最長可請一年。三十天內之傷病假，薪資減半；超過三十天者，雇主可不給薪。雇主不得因勞工請休安胎假而致影響其考績、全勤獎金。

9.**哺乳假**：受僱者如有子女未滿一歲需親自哺乳者，除規定之休息時間外，雇主應每日另給哺乳時間二次，每次三十分鐘。哺乳假亦適用於女性受僱者以容器儲存母乳備供育兒之情形，且不限女性受僱者，男性受僱者也可申請哺乳時間。哺乳時間視為工作時間，即仍有薪資。

10.**育嬰假**：受僱者任職滿六個月後，於每一子女滿三歲前，得申請育嬰留職停薪（簡稱「育嬰假」），每次以不少於

六個月爲原則，期間不得超過二年。若同時撫育子女二人以上者，育嬰假的期間應合併計算，最長期間以最幼子女受撫育二年爲限。若雇主係僱有三十人以上員工者，員工也可向公司請求每天減少工作時間一小時或調整工作的時間，但育嬰假及減少的工作時間，皆無薪。

11. **家庭照顧假**：員工如於家庭成員有預防接種、發生嚴重疾病或其他重大事故之情形，而需親自照顧時，得向雇主請家庭照顧假。但是，若配偶目前未就業，又無正當理由者，則員工不能申請育嬰假及家庭照顧假。其日數併入事假，全年以七日爲限，而且一年內合計不得超過十四日，無薪。但如雇主對於事假原即規定有薪者，依其規定。雇主不得因員工請家庭照顧假而視爲缺勤，致影響其全勤獎金、考績等。此點與一般事假不同，雇主得因員工請休事假而不發給全勤獎金。

12. **婚假**：勞工結婚者給予八日婚假，工資照給。我國自97年5月23日起採結婚登記生效之制度，依勞動部104年10月解釋，婚假應自結婚之日前十日起三個月內請畢，但經雇主同意，得於一年內請畢。工資照給。婚假八天不包含例假日。

13.**喪假**：喪假期間工資照給。如因禮俗原因，得於百日內申請分次給假。

(1)父母、養父母、繼父母、配偶喪亡者，喪假八日。

(2)祖父母（包括外祖父母）、子女、配偶之父母、配偶之養父母或繼父母喪亡者，喪假六日。

(3)曾祖父母、兄弟姊妹、配偶之祖父母（包括外祖父母）喪亡者，喪假三日。

14.**選舉罷免投票假**：屬勞基法施行細則第23條規定的「指定應放假之日」。具投票權且該日原屬工作日之勞工，放假一日；但原即毋需工作者，不需另給假給薪。若雇主徵得勞工同意於該日上班者，雇主仍應加倍給付工資。

15.**事假**：勞工因有事故必須親自處理者，得請事假，一年內合計不得超過十四日；事假期間無薪。如勞工全年事假日數超過十四天，其超過部分得以特別休假抵充，如無特別休假或特別休假已休完者，應依雇主之工作規則、勞動契約之約定，或由雙方協商議定。

16.**公假**：勞工依法令規定應給予公假者，工資照給，期間視實際需要定之。

雖然勞工依法得享有以上假日，勞工請假規則第10條亦明

定：請假時，應於事前親自以口頭或書面敘明請假理由及日數；但遇有急病或緊急事故，得委託他人代辦請假手續。辦理請假手續時，雇主得要求勞工提出有關證明文件。如雇主僱用勞工人數在三十人以上者，應依其事業性質，就請假等事項訂立工作規則，報請主管機關核備後並公開揭示之。勞工如確有請假事由，雇主應依法給假，即使勞工未依雇主所要求的格式，例如以通訊軟體（email、LINE 等）告知雇主請假理由及日數，事後雇主可依工作規則之規定或勞動契約之約定要求員工辦理請假手續。

律師的叮嚀

法律規定的假別中，對於育嬰假以外的留職停薪，並未強制雇主有准許的義務，而應依據公司的工作規則、勞動契約、團體協約的規定。若無規定，則由勞資雙方自行協商。一般公司如果惜才多會核准，只是世事難料，倘若發生人事變遷或組織結構改變，難以期望公司不會另僱定期員工來暫代其職務。

受僱者欲提前或延後復職，要與雇主好好協商。如育嬰假期滿後，雇主除有歇業、虧損或業務緊縮等特殊情形，並經主管機關同意者外，不得拒絕申請復職。如雇主有該等特殊情形並經主管機關同意，無法接受員工復職時，仍可在三十天前預告通知，並

發給資遣費。若係符合退休條件者，雇主則應發給退休金。

專家的建議

Hearts On Fire 台灣區總經理謝淑英提供

我們公司是個大家庭，視每一位員工如家人。例如，銷售部門的同仁是顧客的鑽石顧問，而非僅是「銷售人員」，所以我們非常重視提供員工完整專業的教育訓練。在這樣重視專業養成及對客戶提供專業顧問的環境下，我們需要鼓勵員工勤奮上班，樂於工作，也因此我們認為員工準時出勤是義務。在年終晚會時，公司會針對一整年都配合公司出勤且全勤的同事盛大表揚，讓同仁感覺獲得這樣的肯定是一份光榮，無故請假的情形自然就會減少。從這種方式實施以來，每年全勤的人數都近倍數成長，目前公司已將近三分之一的同事獲得全勤獎。

當然，公司也鼓勵員工要有適當的休息，絕對尊重員工在法律上的權利。如果員工有請假的必要，公司經過合理的審查即盡速核准，抱持著關懷員工、相信員工的心，幫助員工對於工作充滿熱情，建立一個開發個人潛能的優質環境，讓員工與公司一同成長並共享豐碩成果。

第19章
成立工會

　　大維雖然改為在家工作，仍然致力發明專利，甚至更勤跑客戶，也和一般同事有良好互動，獲得優尼克國外母公司表揚為台灣年度最佳員工，受到極大的鼓舞！但大維受到表揚後，常常會發生一些奇怪的事，比如當國外上司用內部郵件向全球同仁讚美大維後，立刻就會有匿名郵件將他從前在臉書上罵公司的發言傳給大家。另一次是在他和客戶開完會，客戶老闆請他上酒吧，第二天就有人將他喝得爛醉的照片傳給國外上司。雖然國外的上司仍對大維非常好，但這些搞公司政治的花招，快讓大維得躁鬱症了。大維深信一定是Tony私下聯合什麼人在他背後插刀，時時有強烈的不安全感。

　　此時大維恰好看到網路上流傳，首富之所以成為首富，是「賭上全部家當、不成功就成仁，而員工卻是上班族心態，隨時可以走人」。大維感動又激動，自己也是拚了命，做到快爆肝也不畏懼，未來一定也是「首富」的角色！就此走人，不是正中Tony下懷嗎？經與許多同事閒聊解悶後，發現從前東家到現在，有許

多人都曾被Tony整得很慘。但Tony如今已經貴為副總經理了，勢力龐大，於是大維決定抱持不成功便成仁的精神和Tony對抗：成立工會！

大維趕緊私下祕密地請教律師：「誰可以加入工會？我是派遣員工，可以加入工會嗎？外國籍的同事呢？員工可否不加入工會？或者加入後，可以退會嗎？加入工會的義務是什麼？會員與非會員的差異何在？公司可以對工會會員或參與工會活動的員工給予不利處分嗎？」

相關法規分析

工會僅需有三十名以上的員工連署即可成立，過去舊法對於勞工加入工會的年齡設限需滿十六歲，但100年5月1日施行之現行法已無此限制。因此，除了代表雇主行使管理權之主管人員不得加入公司的企業工會外，場廠或事業單位等之受僱員工均有企業工會的會員資格。甚至，如工會章程有所規定，代表雇主行使管理權的主管人員亦可加入工會。例如，公司登記的經理人亦可加入工會，外國籍員工也是員工，同樣受到勞工法律的保護，可以加入工會，並可當選為理監事。

至於派遣員工，應屬派遣公司之員工，而非公司員工，因此理

論上不可加入要派公司的工會。但以大維的職位高為技術長，性質上應屬正職，何況又獲得國外母公司表揚為台灣年度最佳員工，極有可能主張其實為優尼克公司的員工，而可參加工會。

工會之籌備會應於成立大會後三十日內檢具工會成立之相關事證，向會址所在地之直轄市、縣（市）主管機關登記，請領登記證書。公司事先不會收到通知；即使工會已經登記成立，勞工主管機關也不會將登記名錄揭露給公司。不過，在工會委託公司代收工會會費時，公司有可能知道會員的名單。

員工有權選擇加入或不加入工會。若不加入並沒有處罰規定，至於加入後可否退會，並無法律上的硬性規定，一般認為可依工會章程規定辦理。但實務上，即使工會章程規定不得退會，勞工可用不交會費方式來表達退出意願。

員工加入工會後的基本義務，是繳交會費及遵守工會決議。倘若有不遵守決議者，理論上工會得依工會章程處罰，但實務上很少見到此等行動。畢竟工會理事原就以保障員工權益為宗旨，若欲處罰員工可能會受到員工的杯葛。

工會會員與非會員在權利義務上的最基本差異，是會員必須繳交會費，有權享有工會決議或團體協約所帶來的利益。但一般實務上，雇主也可以要求就工會會員所享有的權益一併適用於非工

會會員。不過，雇主不得對工會會員或參與工會活動之員工給予不利處分，否則工會法訂有嚴重的處罰。依據工會法施行細則，遭雇主資遣或解僱的工會會員或幹部，仍可以保留其工會幹部身分，繼續執行工會運作相關事務，以嚇阻雇主採取不當勞動行為之動機。

律師的叮嚀

就工會之組成而言，100年5月1日施行之新勞動三法（工會法、團體協約法、勞資爭議處理法）在於加強勞工之團結及談判力量。原工會法之工會型態有二：即產業工會及職業工會，原則上以行政區域（如縣、市）為其組織區域，一個區域設立一個工會。而新工會法，則將工會區分為三種：企業工會（由相關企業之勞工組成，如某某銀行）、產業工會（由相關產業之勞工組成，如銀行業），以及職業工會（由相關職業技能之勞工組成，如銀行行員）。除職業工會仍以「同一直轄市或縣（市）」為組織區域外，其他兩類工會均已打破企業或區域之藩籬。

企業工會之定義是：「**結合同一廠場、同一事業單位、依公司法所定具有控制與從屬關係之企業，或依金融控股公司法所定金融控股公司與子公司內之勞工，所組織之工會。**」以銀行為例，

其母子公司，或所屬金融控股集團之所有公司勞工，可共同組成一個企業工會，同一公司的各分公司或賣場亦可成立一個企業工會。此外，各職業的員工亦可另外參加由相同職業員工所成立的職業工會，雇主公司所屬產業的各公司員工得加入產業工會。因此，雇主們將面對數量更多、規模更大、談判力量更強的工會，代表勞工進行與企業團體的協約談判，以爭取勞工的權益。

專家的建議
國際通商法律事務所資深合夥律師康文彥提供

政府現在非常鼓勵成立工會，許多併購案件中也要面對工會的問題。針對某些特定行業設有工會者，談判併購案時，應注意在合約中約定，將罷工或重大勞工爭議事件當成一項交割條件。也就是在交割時，倘若賣方不能保證無該等罷工或重大勞工爭議事項，則買方無義務交割，如此一來，可以促使賣方履行義務將勞工議題處理妥當。

鑑於台灣工運興起，買方在併購案件中，也越發重視買了這家公司後會不會有裁員的必要。如果將進行裁員，本來沒有工會的是否會成立工會；有工會的是否會進行罷工；如有工會，其代表

是不是會理性談判；寶貴的人力資源是不是可以長久替公司帶來
榮景，而不會換了老闆後就紛紛跳槽等等。因此，併購案最好也
有專精勞工法及與工會談判團體協約經驗的律師加入諮詢團隊，
才能因應任何時間可能發生的勞工爭議，甚至原本無工會而瞬間
成立工會的緊急狀況，或是罷工危機。

第20章
團體協約

　　大維辛苦召集了三十位員工成立優尼克台北分公司企業工會後，因為是發起人，順利地當選了工會理事長，開始與工會理事們討論該為員工們做些什麼？並且也向公司要求提出一些資料，例如公司的財務報告、員工薪資及獎金資料等。人資長Henna對他仍然親切有禮，但明顯地盡量迴避拖延，大維了解Henna的為難，於是要工會理事們耐性等待，但漸漸卻被批評是「鴿派」，而有另一些「鷹派」理事醞釀起而代之。

　　同事們又氣急敗壞地告訴大維，總經理江彥明（江總）早已跟公司的「資深員工代表團」協議了「團體協約」！大維加入公司只有幾年，可從沒聽過「資深員工代表團」。原來，他們都是在公司領過十年金牌獎的員工，也都是員工福利委員會的成員。另一方面，大維發現江總將他的上司Tony調派到新竹分公司，原來是為了密謀號召新竹分公司的員工成立另一個工會，並慫恿員工參加產業工會，另外與公司談一個較有利於資方的團體協約，屆時就可癱瘓或抗衡大維在台北分公司所成立的工會勢力。

　　大維不畏懼內憂外患，寄出正式信函要求與公司做團體協商，並向公司請假辦理工會會務，卻一直得不到答覆。他天天詢問，卻只看到人資長Henna欲言又止的模樣。大維只好緊急諮詢律師該怎麼辦？

相關法規分析

　　所謂團體協約，是指雇主與勞工團體就勞動關係所訂立的書面契約。工會在形成後，即可對雇主要求談判團體協約。

　　在舊勞動三法中，與雇主談判團體協約的團體，不需要是工會；且實務上，多數員工基於明哲保身，並不想加入工會，卻希望於團體協約談成後分享利益，即所謂「搭便車」。此一背景導致工會發展受限。但在100年5月1日施行之新勞動三法中，工會法要求限於「依工會法成立之工會」，才能代表勞工進行談判；而團體協約法明定：若工會以團體協約爭取到對工會會員有利之方案（如公司併購過程中，工會常爭取之勞工優惠退職金等方案），工會可在團體協約中要求雇主不得將該有利方案適用於非工會會員之員工，以此排除「搭便車」的特殊規定，吸引員工加入工會。另外，甚至規定「團體協約得約定雇主僱用勞工，以一定工會之會員為限」。

公司如已成立工會，只有「依工會法成立之工會」，才能代表勞工進行團體協商，其簽訂之團體協約即取代先前非工會團體所簽訂之約定。而一家公司若有兩個以上之團體協約可適用（例如公司與企業工會簽訂一個團體協約，另外與產業工會又簽訂一個團體協約），其優先順序是：(1)職業範圍較小或職務種類較特殊之團體協約優先；(2)地域或人數適用範圍較大之團體協約優先。但如果效力發生在前的團體協約有特別約定者，可能排除此適用順序。

勞資雙方應本誠實信用原則，進行團體協約之協商；對於他方所提團體協約之協商或進行協商所必要之資料，無正當理由者，不得拒絕。例如，工會可能會要求檢閱高級經理人的薪資資料，供調薪談判參考，而許多公司管理階層就此都覺得難以接受。但兩方僵持的結果並不利於資方，可能導致違法被罰，甚至於員工罷工，不如限制少數人或委由律師等足堪信任之第三方檢閱，並加強保密及違約責任等做法，提出協商所需資料。

依團體協約法第6條，所謂無正當理由不得拒絕協商，包括在對方提出合理的協商時間、地點後，仍拒絕進行協商；不在協商通知後六十天內提出協商對應方案；拒絕提供協商所必要之資料等，皆屬之。如果公司違反此規定，依勞資爭議處理法新增的

「裁決」程序，中央主管機關可介入調查，並做成裁決決定。

如果裁決決定認定有「無正當理由拒絕協商」之情形，得處新臺幣十萬元以上、五十萬元以下罰鍰；若未依裁決決定書所定期限爲一定行爲或不行爲者，再處新臺幣十萬元以上、五十萬元以下罰鍰，並得令其限期改正；屆期仍未改正者，得按次連續處罰。可參考之案例，如101年勞裁第59號之大同公司案中，裁決委員會以雇主是否已提供一定程度之資料回應工會所提疑問，而判定雇主應提供員工年終獎金平均月數及金額之資料、主管及其他員工考核方法等，以供團體協商。

依工會法第36條規定，工會之理監事於工作時間內有辦理會務之必要者，工會得與雇主約定一定時數之公假。但若企業工會與雇主間未能達成關於請假之約定者，理事長得以半日或全日、其他理監事得於每月五十小時之範圍內，請公假辦理會務。企業工會理監事如擔任全國性工會聯合組織理事長，但與雇主未能達成關於請假之約定者，亦得以半日或全日請公假辦理會務，公司必須准許之。否則，依同法第46條，得處雇主新臺幣二萬元以上、十萬元以下罰鍰。

律師的叮嚀

「團體協約」之制度，是爲了強化勞工的談判力，提高勞工權益，因此大多數國家之法律，皆鼓勵勞工以團體方式與雇主談判協約。就我國勞工法實務來觀察，自團體協約法於民國19年制定以來迄近十年前，罕見具體的案例。但隨著勞工意識覺醒及公司併購交易的盛行，團體協約日益常見。近年來每當有併購案件，被收購公司之員工經常會要求與新雇主談判團體協約。

團體協約法要求以「工會」爲勞工協商代表，而未限於「企業工會」，因此雇主可能面臨企業工會、產業工會、職業工會同時要求談判團體協約的情形，公司及員工都需有通盤考量並掌握先機以進行團體協約之談判。

工會與公司宜共同以誠信原則，建立良好的談判機制及程序，例如：約定單一對應窗口，而非多頭馬車；選擇的談判代表必須熟悉團體協商運作流程，有各方良好關係而受信賴；每次開會均事先制訂協商流程，包括日期、時間長短、場地、參與人員、議程等。和諧而有效地進行團體協約談判，能締造勞資雙贏，而非玉石俱焚的結果。若只是打美女牌行迴避拖延的策略，可就輕忽其嚴重性了！

專家的建議

渣打銀行台灣分行人資長陳瑋芝提供

公司的永續經營與成長需要有高凝聚力及高生產力的員工，也需要資方能夠公平對待勞方，並以適當合理的獎酬及福利來激勵員工。資方與企業工會訂定團體協約，是勞資雙方在面臨營運挑戰、員工議題上一個互動的最大公約數。

勞資和諧，除了團體協約之外，定期暢通的溝通平台才是勞資雙方能建立互信的最大因素。更有甚者，資方能藉由多一個管道聆聽各基層員工的聲音，提早應變，即時溝通或修正政策，避免演繹成勞工爭議。

歸功於勞資的和諧，台灣渣打四千三百多位員工，在過去幾年共同獲得了幾項意義重大的獎項及殊榮，包括2011年獲頒的蓋洛普「最佳職場」大獎，全球僅二十九個國際性企業獲此肯定；接著在2012年簽訂團體協約後，也在2013年行政院勞委會舉辦的「團體協約簽訂單位頒獎典禮」中接受表揚；另外更於2014年獲頒勞動部的「生活與工作平衡獎」，在在顯現台灣渣打所有員工一同努力的成果！

第21章
不當勞動行為裁決程序

　　大維擔任工會理事長，積極為同仁向公司爭取福利，但對於工作仍兢兢業業，繼續為公司申請到許多專利。國外上司對他委以重任，常派他出國參加技術講習會，甚至帶隊開發公司的重要新技術，大維的親朋好友都很羨慕他，能有這麼勞資和諧的公司！

　　不料，到了年底，大維卻被江總評定考績為丙等，並以公司工作規則規定考績丙等而被降職，由科技長轉調為研究員，不再有職務獎金。大維氣急敗壞，發了抗議信函給上級主管及相關部門，包括人事、法務、法規遵循、稽核等，要求調查、更正、回復名譽等等。但公司這些部門的主管沒有任何人敢吭聲，連上廁所時遇到大維都跟他「保持距離，以策安全」，其中幾位私交好的只是叫大維「別鬧了」。這可是江總親自拍板定案的決定，若誰敢幫大維說話，一律「殺無赦」！大維感嘆世態炎涼，正義之聲何在？平日的夥伴也不過如此罷了！

　　大維吞不下這口氣，私下請教高手後，決定主張公司有工會法第35條第1項第1款規定之減薪、調職、不利待遇等不當勞動行

為，而向勞動部申請裁決。勞動部不當勞動行為裁決委員會（下稱「裁決委員會」）經過裁決會議後，裁決認定優尼克公司對大維所為考績及降職的處分無效，命公司應回復大維原職位，並給付短發之職務獎金。江總對此不利之裁決非常震驚，並要求人資長Henna立刻解僱大維。

　　Henna便請教律師：「當員工提出裁決，公司該如何救濟呢？公司可以因此解僱大維嗎？」

相關法規分析

　　為保障團體協商制度、防止雇主弱化工會，勞資爭議處理法增設不當勞動行為之裁決程序，避免雇主以不利益待遇或支配介入等方式，妨礙或影響勞工參與工會以及維護工會運作及自主性，並防止雇主妨礙團體協商。期待以裁決程序強化落實不當勞動行為禁止之規定，並快速回復受侵害勞工之相關權益。如經裁決認定有不當勞動行為者，主管機關得依新法之相關規定處以罰鍰。

　　所謂「不當勞動行為」之具體樣態，包括兩大類型：

1.工會法第35條第1項列舉之下列五種行為：

　　(1)對於勞工組織工會、加入工會、參加工會活動或擔任工會

職務，而拒絕僱用、解僱、降調、減薪或為其他不利之待遇。

(2)對於勞工或求職者以不加入工會或擔任工會職務為僱用條件。

(3)對於勞工提出團體協商之要求或參與團體協商相關事務，而拒絕僱用、解僱、降調、減薪或為其他不利之待遇。

(4)對於勞工參與或支持爭議行為，而解僱、降調、減薪或為其他不利之待遇。

(5)不當影響、妨礙或限制工會之成立、組織或活動。

2.違反團體協約法第6條第1項規定之「無正當理由拒絕團體協約之協商」。

此外，工會法第35條第2項規定：「雇主或代表雇主行使管理權之人，為前項規定所為之解僱、降調或減薪者，無效。」

雇主或勞工若不同意勞動部之裁決，基於裁決內容「是否屬私權紛爭」之不同，應分別向行政法院或民事法院提起訴訟以尋求救濟：

1.如屬工會法第35條第1項或團體協約法第6條第1項之爭

議，例如申請人請求勞動部「確認……爲不當勞動行爲」、「相對人應繼續與申請人進行團體協商」、「相對人不得有妨礙工會會員大會進行之行爲」，其裁決項目之性質屬行政處分而非私權紛爭，此時申請人（勞方）對裁決不受理之決定可提起訴願、行政訴訟。若勞動部受理後裁決決定令當事人爲一定之行爲或不行爲或認定不是不當勞動行爲等，不服裁決決定之雇主或勞工，可以直接向行政法院起訴，無需先提起訴願。

2. 如屬工會法第35條第2項所生爭議，屬私權紛爭，例如申請人請求確認解僱（或降調或減薪）無效，或請求回復原職、回復考績或給付工資。此時不論裁決決定不受理或爲准許或駁回之決定，不服裁決決定的當事人，均應另向民事法院起訴以資救濟。同一爭議如同時於民事法院及裁決程序審理中，民事法院於裁決程序終結前，應依職權停止訴訟程序。裁決決定做成後，若勞雇雙方均未於決定書送達後三十日內向民事法院起訴者，視爲雙方已有合意，該決定書經民事法院核定後，具有民事確定判決同一效力。

　　然而，依工會法第35條第2項之規定，此項私權紛爭之發生，以裁決委員會認定雇主有違反工會法第35條第1項之事

實為前提。換言之，涉及工會法第35條第2項私權紛爭之裁決案件，很容易發生同一當事人對同一裁決決定，必須就其是否不當勞動行為以及私權爭執部分，分別向行政法院及民事法院提出救濟之情形。

本案情形即屬同時涉及工會法第35條第1項及第2項之情形。裁決委員會一方面認定公司將大維降職之行為屬工會法第35條第1項第1款之不當勞動行為，另一方面則依工會法第35條第2項認定該行為無效，進而命公司回復大維原職位、給付短發大維之職務獎金。

依照上述說明，倘若公司不服此裁決決定，必須同時向行政法院及民事法院起訴，才能獲得完全之救濟。至於公司要解僱大維，卻未事先檢視是否具備法定解僱理由，恐怕更是雪上加霜了！

律師的叮嚀

勞動三法增設之不當勞動行為裁決程序，以「是否屬私權紛爭」區別不服裁決決定時之救濟程序，但因部分案件可能同時涉及工會法第35條第1項及第2項，導致當事人對同一裁決決定，需分別向民事法院及行政法院起訴，才能獲得完全之救濟。

　　雇主採取解僱、降調、減薪等相關不利於員工之待遇時，如其對象均是擔任工會職務或參與工會活動的員工，必須具備正當理由的充分事證，否則很容易被判定是不當勞動行為。

專家的建議

荷商葛蘭素史克藥廠台灣分公司法務處長蔡兆誠提供

　　一般而言，外商公司比較「有制度」。這「有制度」三個字，看似簡單，其實學問很大。以下列的內部風險控管為例，公司建立的制度包括對員工的紀律與懲處，以避免如本章這樣不當評鑑及懲處員工的情形，而期避免或減少發生爭議，以及因而衍生的訴訟、裁決程序等。

1. **風險評估**：各部門定期評估企業內外部風險，確認風險根源、發生機率及可能影響，指定風險管理人，並提出風險控管的相關措施，包括具體行動、承辦人與完成時限，供管理階層審核通過，定期追蹤考核。

2. **書面規章和SOP**：配合前述風險控管措施，定期檢討現行規章和SOP，進行必要修訂。明確界定適用對象與範圍，

在作業流程中設計適當的管控（如前端的審核與後端的抽查），以避免風險發生。

3. **員工教育訓練與溝通**：公司規章與SOP需對所有相關員工進行教育訓練與溝通，包括新進與現職人員，都要有完整訓練紀錄。教育訓練的教材要完整適切，使員工充分了解公司規定及其職責，並定期提醒重要規定。公司規章與SOP如有更新，需再進行適當的教育訓練與溝通。

4. **主管監督**：主管在平時工作中需依公司規章與SOP管控（包括前端與後端管控），並留下書面紀錄。

5. **有問題時的處理程序**：有任何問題發生時，需通報上級主管及相關部門（如財務、人事、法務、法規遵循、稽核等），進行徹底調查，確認事實及問題根源，討論更正與避免行動。除了問題本身的解決，還包括檢討前述風險控管措施、公司規章與SOP是否需要強化改善。並同樣要指定行動負責人與時限，追蹤考核。

6. **紀律與懲處**：對於失職人員，視故意過失與情節輕重，依人事規章懲處。並視情況需要，將相關案例以匿名方式列入教育訓練教材，提醒員工注意。

第22章
性騷擾

　　大維雖贏得了與公司的裁決，卻感心灰意冷，變得很消沉。而總經理則是惱羞成怒，認為人資長 Henna 是吃裡扒外的工會「奸細」，常常找她的麻煩。但 Henna 可不是省油的燈，建議好友財務部主管留意一下江總的交際費單據，果真發現疑點：江總每週四晚上都會固定到新竹參加聚會，報帳的飯店收據卻是兩份晚餐及兩份早餐，房間網路帳號也用兩個，洗衣單上甚至還有「洋裝」的品項！

　　Henna 掌握了這些單據，覺得還需再做進一步查證，以免打草驚蛇。於是，她約談江總的祕書劉貞庭（Jennette），想探探是否江總有何異常的交友。沒想到，Jennette 一見單據，頓時花容失色、放聲大哭，表示自己是性騷擾的受害者，是江總要求她每週四跟他去新竹過夜。她本來是拒絕的，但江總用色情照片當開機畫面，叫她每天要幫忙開機，問她覺得怎樣；說她既然要穿低腰褲，怎不穿性感一點的內褲；叫她幫忙背一些煽情歌詞，避免老年癡呆；她穿短裙時，叫她跪到辦公桌下面找東西；她穿長褲

時，就打翻茶杯弄濕她的衣服，再佯稱擦拭，碰她的身體。

　　Henna聽得口乾舌燥，猛灌冰水，強自鎮定地問祕書：「江總是個黃金單身漢，你們難道不是兩情相悅？」Jennette拿出皮夾裡自己和男友的合照，那是一個長得像丹尼爾克雷格的大帥哥，裸露上身秀出六塊肌、將Jennette扛在肩上。Henna了解Jennette的意思：哪個○○七女郎會愛上江總呢？Jennette此時忽然咬牙切齒地說：「我要提出性騷擾的控訴！」

　　Henna萬萬沒想到查江總飯店尋歡報假帳，卻挖到了寶，但又擔心Jennette長相平凡，說她被性騷擾，會有說服力嗎？何況是片面之詞，沒有任何證據及證人……，於是她趕快向國外總公司報告，奉命請教律師該怎麼做？

相關法規分析

　　「性騷擾」是指違反他人意願，而對其實施與性或性別有關之騷擾行為。與性侵害犯罪最大的差異處，在於性騷擾行為程度還未到妨礙被害人之性自主，多半是趁他人不及抗拒所做的行為。依性騷擾防治法第25條：**意圖性騷擾，趁人不及抗拒而為親吻、擁抱或觸摸其臀部、胸部或其他身體隱私處之行為，得處二年以下有期徒刑、拘役或科或併科新臺幣十萬元以下罰金。但**

本罪是告訴乃論，必須受騷擾人向司法機關提出告訴方能受理。

　至於職場性騷擾，是指在工作場所或因工作（包括求職）而發生的性騷擾，則依性別工作平等法（簡稱「性平法」），包括二大類型：

1. **敵意工作環境性騷擾**：受僱者於執行職務時，任何人以性要求、具有性意味或性別歧視之言詞或行為，對其造成敵意性、脅迫性或冒犯性之工作環境，致侵犯或干擾其人格尊嚴、人身自由或影響其工作表現。

2. **交換式性騷擾**：雇主對受僱者或求職者為明示或暗示之性要求、具有性意味或性別歧視之言詞或行為，作為勞務契約成立、存續、變更或分發、配置、報酬、考績、陞遷、降調、獎懲等之交換條件。

　如果公司的規模已達僱用員工三十人以上，我國法令上更為防患未然，而要求公司應訂定「性騷擾防治措施、申訴及懲戒辦法」（簡稱「性騷擾防治措施」），並需設置處理性騷擾申訴之專線電話、傳真、專用信箱或電子信箱，而且要在工作場所公開揭示，以防治性騷擾行為之發生。而就所謂性騷擾防治措施，更

具體地要求應包括下列事項：

1. 實施防治性騷擾之教育訓練。
2. 頒布禁止工作場所性騷擾之書面聲明。
3. 規定處理性騷擾事件之申訴程序，並指定人員或單位負責。
4. 以保密方式處理申訴，並使申訴人免於遭受任何報復或其他不利之待遇。
5. 對調查屬實行為人之懲戒處理方式。

員工即使是出差到其他地方工作，依據「工作場所性騷擾防治措施申訴及懲戒辦法訂定準則（下稱「性騷擾準則」）」104年5月14日新增訂之第4-1條，員工若於非雇主所能支配、管理的工作場所工作（如派至客戶場所工作、房仲業員工帶客戶看房等），雇主應事先評估該員工於該場所遭受性騷擾的風險與情形，提供員工必要的防護措施，並事前將性騷擾風險與防護措施詳為告知該員工。

倘若發生職場性騷擾，受騷擾人向雇主申訴，得以書面或口頭形式提出。如果以口頭申訴，受理者應做成紀錄，讓提出申訴者或代提出申訴的檢舉人確認其內容後，簽名或蓋章，做為申訴的

書面紀錄。收到投訴後，雇主應於兩個月內結案，必要時得延長一個月。

　　若經調查職場性騷擾行為屬實，雇主應視情節輕重，對申訴之相對人做適當之懲戒或處理，例如調職、降職、減薪、要求其道歉等。但必須注意，其是否構成解僱事由，尚需視工作規則、僱用契約及騷擾行為是否情節重大而定。如經證實有誣告之事實者，亦應對申訴人做適當的懲戒或處理。並應採取追蹤、考核及監督，確保懲戒或處理措施有效執行，避免相同事件或報復情事發生。此外，雇主認為當事人有輔導或醫療之必要時，得引介專業輔導或醫療機構。

律師的叮嚀

　　性騷擾受害者除了向雇主公司提出申訴外，亦得依侵權行為對騷擾者提出民事賠償之請求。而雇主因有連帶責任，也可能必須負擔賠償責任，因此其對職場環境的監督管理，以及對申訴的處理等，關係到其賠償責任的認定。雇主為處理申訴，得組成調查委員會進行調查，該委員會之組成應有雇主及員工雙方代表，一般可由至少三位成員組成，並應注意不同性別的比例。實務上，亦可委由外部律師或同集團關係企業相關人員擔任調查小組，以

避免指控有所偏頗，確保公正性。

尤其，鑑於歐美國家對職場性騷擾的判賠金額甚高（2012年間，美國聯邦法院即曾對一件醫院性騷擾案判賠1.68億美元），因此，也有員工選擇在台灣獲得有利認定後，再向國外母公司主張賠償的情形。公司方面若以為台灣的判賠金額低而草率處理此類申訴，可就輕忽其嚴重性了！

此外，可別以為只有性感美麗的女生才可能被性騷擾。事實上，例如男性員工對女性員工品頭論足「長得真安全」，或女性員工對男性員工做出與性別有關的評論或行為，都可能已造成職場性騷擾了。

專家的建議
國際通商法律事務所合夥律師許修豪提供

性騷擾在所有員工可能涉及之不當行為中（例如洩密、收賄、偷竊等），屬於未必最嚴重，卻最敏感亦最棘手之一種。其棘手處在於申訴者與加害者必然有一方因調查結論蒙受不利結果並因此不滿，不滿之一方極可能質疑公司、參與調查之高階主管及人資人員，乃至律師等專業人員，是否在調查過程中有偏頗或不當

之做法，並向主管機關提出申訴。公司及參與調查之人員極可能「公親變事主」。有鑑於此，公司在接受性騷擾申訴時，一定要以最謹慎的態度秉公處理，並處處預想調查結果做成後，可能需面臨之質疑為何，在調查程序中，即處處預做防範。詳細嚴謹的調查過程，有助於公司回應後續當事人及政府機關的可能質疑。此部分有需要時，務必請專業律師團隊協助。

　依各國職場性騷擾研究及處理性騷擾案件之經驗，職場性騷擾的本質不是「性」，而是「權力」。簡言之，職場上之性騷擾，幾乎絕大部分都是有監督管理能力之上司（有權力之一方），對於受監督管理之下屬（沒權力之一方）所施加者，不管「敵意工作環境性騷擾」或「交換式性騷擾」皆然。本案例中之總經理與女祕書，即為典型之權力關係。實務上，性騷擾被害者可能外貌出色，亦可能並非如此，但後者並不妨礙上位者以與性有關之方式施加權力。上司對下屬若以「長這樣是不是很久沒有開機」等輕蔑言語方式施以「敵意工作環境性騷擾」，或以「跟我去開房間，保你未來工作平安。以你的職級、外表，我看上你是給你面子」……施以「交換式性騷擾」，均已構成職場性騷擾。切記，性騷擾是職場之絕對紅線，不管加害者職級多高，只要踩線，皆可能遭受極嚴重之後果，且依法公司不能以大事化小之消極方式

處理。

　　遇到上司有性騷擾行為時，下屬不應持續隱忍，應蒐集證據適時向公司負責部門提出申訴。擔任高階主管者，尤需謹記：絕對不要涉及職場性騷擾行為。否則事發後，若申訴屬實，將極難在原公司繼續任職。甚至因為產業圈範圍有限，未來覓職時，先前不名譽之紀錄恐將如影隨形，影響在其他公司的工作。

第23章
跳槽競爭

　　性騷擾控訴的事件像暴風雨前夕的寧靜籠罩著公司，忽然間，母公司接到江總的辭職信，表示因個人生涯規畫及家庭因素，決定離開公司。

　　母公司迅速決定升遷大維擔任台灣公司的總經理，大維臨危受命，又驚又喜，準備用多年來歷經千辛萬苦所修練的功夫，帶領公司成為一個大家庭。不久後大維就發現，江總已跳槽到主要競爭對手公司上班，而更讓他驚訝的是：大維的冤家Tony雖然還在新竹分公司上班，卻和江總聯手一起約了好幾個客戶吃飯，慫恿客戶轉單到新公司。

　　大維趕快跟人資長Henna商量該如何處理，Henna自信滿滿地說：「公司在員工加入公司時，都有要求員工簽『競業禁止同意書』，江總應該不能到競爭對手公司工作的。」「可是他們還是去了呀！」大維覺得Henna有點不食人間煙火，而Henna則覺得大維升官後講話很衝喔。

　　兩人趕快一起請教律師如何執行競業禁止，尤其，因江總已在

公司領取多年高薪，公司可否在不給付競業禁止賠償金的情形下，要求其遵守競業禁止約定呢？

相關法規分析

「競業禁止」為約束員工跳槽競爭對手的約定，約定員工在職期間及離職後一段時間內不得從事與本公司業務相同的工作，或受僱於相同業務之企業。如果按競業禁止期間做區分，可以分為以下兩類：

1. **在職期間之競業禁止**：我國勞工法令並未禁止員工兼職，必須員工在雇主競爭對手處兼差，而有洩漏機密或利害衝突之虞，公司才可以要求員工不兼職。如果員工不遵守，公司必須證明該員工的兼職對其在公司履行職務的影響，才能以違反契約情節重大而予解僱。

2. **離職後之競業禁止**：公司於員工離職後以「競業禁止」約定禁止員工為競爭對手工作，雖早已為我國法院所肯認，勞動部亦參考法院判決頒布「簽訂競業禁止參考手冊」，綜合歸納五項原則。但對法院僅為個案審理時的參考，並無法律上的拘束效力，執行上仍有爭議。因此，立法院於104年11

月27日三讀通過勞基法部分條文修正案，於第9條之1明定「離職後之競業禁止」之約定，必須符合四項要件。勞動部亦配合上述修法，於105年2月4日預告修正「勞動基準法施行細則」相關條文內容（簡稱「施行細則草案」），針對約定離職後競業禁止之方式及勞基法相關規定，提出若干細部規範。

依據新修正之勞基法第9條之1及「施行細則草案」，參考以往法院實務見解的五項原則，檢視「離職後之競業禁止」是否可執行的要件如下：

1. **雇主必須有依競業禁止特約之「正當營業利益」。** 實務上，雇主有無「保護利益」之存在並非理所當然，反因這是一種抽象概念，未必容易證明。例如，台灣高等法院即有判決認斷如「**產品推廣、行銷等業務，並非必須藉由雇主之訓練始能獲得，應無獨特之知識或祕密可言。既得藉由通常之學習方法或自我體驗而獲得成長，即無逕以競業禁止條款保護之必要**」。由此可知，雇主是否就員工施以訓練，使其獲得獨特之知識或祕密，是一個重要關鍵。

2. **勞工在原雇主之事業有一定之職務或地位**，能接觸或使用雇主之營業祕密。相對而言，如果是較低職位的普通技能員工，或員工之職務並無機會接觸公司所欲保護的優勢技術或營業利益者，則難以證明有限制其競業的必要。

3. **對競業禁止之期間、區域、職業活動之範圍及就業對象，必須有合理之範疇**。離職後競業禁止之期間，最長不得逾二年。逾二年者，縮短為二年。而競業禁止之區域，應以原事業單位具體營業活動之區域範圍為限，競業禁止之職業活動範圍及就業對象應具體明確，並以與該事業單位相同或類似且有競爭關係者為限。

　　如何判斷競業禁止的新公司對象、期間長短、地理區域、業務範圍大小等為適當，並無必然的標準。實務上，雇主可先與員工簽訂競業禁止，約定於員工離職時，雙方有義務就這些限制達成事先協議義務，但亦需事先約定如協議不成時之處理方法。

4. **雇主對勞工因不從事競業行為所受損失應獲有合理補償**，雙方應約定此補償金是一次預為給付或按月給付，且判斷合理與否應綜合考量，包括每月補償金額是否低於勞工離職時月平均工資百分之五十；是否足以維持勞工於離職後競業禁止

期間內之生活所需；與勞工因不從事競業行為所受損失是否相當；與競業禁止之期間、區域、職業活動之範圍及就業對象是否相當，以及其他與補償標準合理性有關之事項。而且所謂合理補償，應不包括勞工於工作期間所受領之給付。

5. **離職勞工之競業行為，是否具有背信或違反誠信原則之事實**。此一原則並未出現在新修正之勞基法或「施行細則草案」。然而，就法院實務判決中，如離職員工之競業行為顯然有背信或違反誠信原則時，其所簽競業禁止約定被法院認定生效的機率較高。例如，離職員工對原雇主的客戶等情報，畢竟是裝在腦袋裡就帶走的資訊，如果公司能證明員工是在任職時大量下載或複製原雇主的資訊，比較有可能主張有違反誠信之行為。但若員工僅是在加入競爭對手後邀約客戶吃飯，尚難認定有何違反誠信可言。

競業禁止約定一般亦訂有員工違反時之違約金條款，但法院並非一律認為有效或一律無效，而是基於平衡保護公司營業祕密及員工工作權益，綜合判斷。參考台灣台北地方法院87年勞訴字第90號判決，判認：「員工雖與雇主簽立同意書，約定半年之競業禁止，若違反按員工最後任職月份當月全月薪津或報酬的二十

倍給付懲罰性違約金；但公司單方面不當限制被告的就業自由，本身卻未負擔任何相對之義務，顯然兩造間的權利、義務關係產生不均衡狀態。原告公司復未舉證證明被告因受僱於原告而獲悉原告之營業祕密，以及該競業禁止約定足以保護雇主正當的營業利益，故應認該競業禁止條款已違反憲法保障人民生存權及工作權精神，而有民法第72條背於公共秩序情形，應屬無效。」由此可知，如果公司與員工之間簽訂競業禁止約定，首在符合上述幾項原則，即可能執行其違約條款，訂定高額違約金未必是明智之舉。

本案檢視前任總經理之職位等，應可符合上述競業禁止的原則。但常見問題是，公司很難主張其前任總經理已領取高薪，而在不願給付競業禁止賠償金的情形下，要求其遵守競業禁止約定。在新修正之勞基法第9條之1第1項已明文要求原雇主必須提供合理補償的情形下，並參考前述「施行細則草案」之相關規定，更是如此。

律師的叮嚀

「競業禁止」旨在防止離職員工帶走雇主公司機密或其他資源而圖利新雇主，一般公司對高階幹部大都有此限制。否則，從資

方角度來看，其付出資源及時間訓練員工，將不能受到保障。

相對而言，如果雇主公司制訂極其嚴苛、包山包海的競業禁止合約來綁住員工，受法院認定有效的機率反而降低。先前一般只看一個關鍵因素：就是以賠償金多寡來決定，而未重視對競業禁止的「必要性」及「合理性」。近年來，因各行各業的案例漸多，每一個案例都有在訴訟上提出創意而有效主張的可能性。

競業禁止約定之適用，實有許多不確定因素。例如，員工任職之初可能職位不高，並無接觸營業祕密的機會，但是隨著任職時間增加，接觸營業祕密的機會也會變大。又如制定競業禁止約定當時，雖然明確列出員工離職後不能去哪些公司任職，但競爭對象可能會隨著時間改變，因此競業禁止約定應該要不定期修改，以達其功效。

專家的建議

威盛電子股份有限公司技術長賴瑾提供

高科技企業經常要面對被挖角的危機處理。我的團隊過去六年自主研發的固態硬碟技術，最近成為儲存產業的熱門項目，團隊成員也成為挖角的目標，有幾位資深工程師提出離職申請。在這

樣一個危機時刻，與其大家三三兩兩聚集在隱晦的角落竊竊私語，倒不如擺上檯面、直接面對，於是我召開了一次團隊會議：

在當今社會上，投機炒短線的風氣盛行，很多人都想要迅速致富，而這個風氣也蔓延到了科技研發上。想想你們的身價應該值多少？你們從學校畢業，加入公司，公司提供學習訓練，讓大家在實際的產品開發中、甚至從錯誤中學習，技術一點一滴地累積，直到你們能夠獨當一面，掌握產品全面技術。你們的身價何止區區50%的跳槽價碼？你們不要太便宜地把自己賣了！

市場上有許多的熱錢，但欠缺好的技術投資標的，所以有些公司找個熱門題目，例如：雲端儲存、大數據……，找幾個有經驗的人到新公司先做出個樣品，再用投資者的關係進到大廠做測試，大肆宣傳，再引進下一輪的投資。他們一般都針對特定的應用市場，因爲這種技術門檻也比較低，賣出少量產品就可以包裝準備上市。上市後，幾個大股東馬上可以獲利，但由於技術並沒有眞正扎根，也沒有嚴謹的技術開發流程，特定的應用市場也小，最終只是一場金融遊戲。擔任技術發展的你們只是一個棋子，也許可以獲取短暫的利益，但並不是一個安身立命的地方。

那你們最大的利益應該在哪兒？我認爲是：(1)堅持在一個團隊中，(2)開發出市場上成功的產品，(3)享受成功的果實。

在我的職涯中，我一直非常享受團隊工作，這是一種溫暖的歸屬感。記得有一次，我們一起掙扎試著解一個Bug，一個月過去了，直到有天早上接到團隊給我的電話，告訴我說找到問題了。在電話這頭的我，眼淚流了下來。一同與團隊努力成就一件事的感覺，真的很棒！而團隊所能成就的事業，也是一個人的價值最大化。但如果你們汲汲追求個人的利益，你的價值是短暫的，也是可被取代的；反之，堅持團隊的共同努力，才是可長可久的！一個市場上成功的產品，其背後是許多人在失敗中再接再厲努力的成果，絕對不是個人一蹴可幾的。在當今這個追逐迅速致富、價值混淆的世代，如何建構一個團隊能夠認同的價值觀，永遠考驗著你我。

第24章
侵占公款

　　大維還正猶豫著要不要展開法律行動限制江總到競爭公司工作，此時，天上卻掉下一個禮物（但難說是不是好禮物）。查帳會計師發現有幾筆單據，疑似被一位會計部員工黃羽欣（Cindra）利用職務之便，多次以僞造江總的簽名及盜蓋印章方式，陸續以江總的名義盜領公司在銀行帳戶內的公款金額數百萬元，而銀行竟然因爲和會計小姐熟識，疏未通報。

　　經多次詢問Cindra，她哭著承認簽了江總的簽名及用印，卻說並非爲了自己而觸法，反哭訴是遭業務部員工張承文（Wayne）的蠱惑才一時鬼迷心竅。所得款項都是提領現金給他花費一空，錢都是「他拿走了」。大維詢問Wayne後，他竟振振有詞地說是江總默許他提領，因爲公司本來該付他的業務獎金卻誤發給了江總，但江總卻未還他，而默許他直接去跟正在交往的會計小姐領錢，做爲抵銷。

　　大維怒罵這簡直是「羅生門」！但Cindra跟Wayne卻說聽不懂那是什麼意思？看著他們兩人一搭一唱，大維開始覺得背後必有

高人指點，便問他們幕後的藏鏡人是誰？但他們兩人仍說聽不懂，並高喊大維限制他們的人身自由。大維決定向警察報案，警察卻告訴他並沒有證據可指向前任總經理，而Cindra跟Wayne都沒資產，銀行裡只有幾千塊，房子也是租的，公司應該告銀行才有指望找回錢。大維氣急敗壞，覺得這根本是有人故意設計來看他笑話的。難道今天是愚人節!?只好找律師諮詢該怎麼辦？

相關法規分析

　　公司員工如果侵占公司的業務款項（一般俗稱「公款」），所涉偽造及行使不實單據或傳票行為，係觸犯刑法偽造文書、業務登載不實罪。而若涉案員工是公司會計人員，在公司帳冊填製不實資料或偽造變造會計憑證，亦觸犯商業會計法的會計帳冊登載不實罪。至於其盜用公司負責人的印章為之，更觸犯了刑法盜用印文罪；將盜領款項據為己有的行為，則觸犯業務侵占罪。

　　本案因會計及業務是有共同犯意聯絡而由會計進行犯罪，應屬共犯。但能否指控江總是其共犯呢？這還必須查有確實證據方可認斷。從案例中，業務人員所稱是江總「默許」他提領做抵銷，但這是業務人員個人的片面認定，江總並無具體行為參與相關的犯罪行為，尚需進一步查證江總是否明知溢領了業務獎金，卻故

意不還給公司或發給業務。縱使有不當，也僅是民事上的不當得利，並非侵占。

就員工發生刑事違法行為，公司可提起告訴，並可於檢察官起訴後，在訴訟程序中向法院提起刑事附帶民事訴訟，對於刑事訴訟的共犯被告們，請求損害賠償。如此的程序，可以節省公司單獨提起民事訴訟而需繳納的裁判費（請求金額的1%）。

至於本案業務主張他侵占的錢是與公司積欠的業務獎金抵銷，似是而非，並不可採。因民法第339條規定：**因故意侵權行為而負擔之債，其債務人不得主張抵銷**。本案業務與會計是以共犯共同犯罪之行為而侵占公司之款項，對於因此而負擔之債務，這樣的情形是屬於債務人的地位，不得主張抵銷。縱使雇主有積欠業務獎金，甚或工資之情形，員工仍不得主張及行使抵銷權。

至於公司是否能向銀行求償呢？本案侵占公款的員工係使用江總的姓名而向銀行提領五十萬元以上的金額，目前我國以洗錢防制法規範大筆金額的提領，並要求銀行設置大額提款登記簿。若銀行疏忽而未察覺冒領情形，以致未能及時通知公司，銀行可能就此大筆現金的收付，並未善盡確認客戶身分並留存交易憑證之義務，而違反洗錢防制法；再者，銀行如未就客戶填寫的資料與實際交易核對，亦可能違反對客戶的契約義務。然而，實務上，

法院一般認為洗錢防制法的保護法益是金錢交易秩序，而非客戶利益，以致即使銀行未將大量金錢交易通報客戶，卻未必有賠償的義務。

但如第三人持真正存摺，卻蓋用偽造的印章於取款條上向銀行提取存款，縱令金融機關以定式契約約定：「如金融機關以肉眼辨認不能發現印章係屬偽造而照數付款時，對存款戶即發生清償之效力」，最高法院曾決議揭示，此項定式契約的特約有違公共秩序，應為無效。銀行客戶就此點，仍可向銀行請求追查相關資料，銀行必須配合調查，並大都願意協商和解，以維護客戶權益及銀行聲譽。

律師的叮嚀

公司進行訴訟程序而行司法救濟的方法，是就侵占公款的員工及其所稱之「他人」提出刑事告訴，並請求檢察官調查任何可能的共犯，以擴大追索範圍，期能在破案的黃金期限內追回贓款，減少損失。但如果完全仰賴侵占公款的員工發現天良而供出共犯，或仰賴司法調查機關查出真相，可能過於消極且不實際，最好自行調查及保全證據，而調查及保全時必須小心謹慎，不得妨礙嫌疑人的人身自由。如有必要，可委任專業的律師到場處理及

存證，以免反而從原告變被告，多生爭議。

公司除進行法律程序外，亦應檢討事件發生的原因，找出制度或運作上的缺失，立即改正。如果在經過法律追索程序後仍無法追回贓款，可將相關法院文件等資料彙整，提報稅捐稽徵主管機關認列公司損失，稅捐稽徵主管機關將視具體情形，核定是否可認列損失及認列的額度。如獲准認列損失，公司至少可由稅負減少上得到一點彌補。

專家的建議

全友電腦股份有限公司財務長劉謙儒提供

公司若在內部察覺或受外部舉報，而懷疑員工有侵占公款時，應以保住公司資產為首要考量。程序上一半是先呈報上級主管、蒐集及判斷證據資料無誤後，會同法務及人資或管理部，要求員工當面解釋及澄清，並做成內部紀錄。員工自知犯法多願認錯歸還侵占款項，若能達成資產保全，原則上公司多不願提起訴訟，而會以解職侵占員工結案。

欲防止員工侵占挪用公款，預防重於治療，首重實施健全有效的內控制度：

1. 會計人員與財務人員需分開獨立分層負責，上下互相監督；
   公司必須避免一筆交易由一人單獨完成；資金的進出力求E
   化，利於隨時掌控稽查；按照核決權限審批資金的使用；每
   個月或定期做內部及外部稽核；有異於常態的情況要立即處
   理，不可拖延而造成更大傷害；公司應該審慎評估風險管控
   點，評估發生機率及影響性的大小，做好風險管理。

2. 健全企業內部文化，實踐道德倫理守則，由企業高管提倡並
   以身作則。

3. 慎選新進員工，對全體員工實施認識及防止舞弊的教育訓
   練，加強員工的法律知識及倫理道德誠信的提升。

4. 設置密告舉發熱線。根據美國舞弊查核協會（ACFE）的
   「2012年全球舞弊報告」（2012 Global Fraud Study）估計，
   企業內部舞弊的平均損失可能高達其營業收入的5%，尤其
   均牽涉內部人員，防不勝防。唯有加強稽核，適時工作輪
   調，完善內部流程與控制，才能將此類損失降到最低。

第25章
洩密

　　大維的宿敵Tony也辭職求去了，大維一方面覺得正義終於來臨，另一方面也知道將正面迎戰競爭對手。雖然日夜努力挽回客戶，但有些客戶趁機殺價，員工們抱怨好像是在求爺爺告奶奶一般沒尊嚴。到底是妥協降價殺成一片紅海？或是堅持定價與品質呢？一位員工激動地說：「沒有堅持就沒有普騰！」但另一位馬上回嗆說：「可惜普騰好像早就關門大吉了。」

　　此時，IT部門發現，Tony在離職前曾將公司機密資料以電子郵件方式傳回家，大維高興得跳了起來，這下一定可以告他「洩密」、「竊盜」、「背信罪」了吧？總之，有什麼可用的法律罪名都用上！並且來個公告周知，讓客戶回心轉意。但Henna提醒大維，許多員工現在都透過電子郵件傳送資料，包括傳資料回家以繼續上班時沒做完的工作，有些員工還半玩笑半認真地說這是變相加班呢！因此，Tony雖然傳資料回家，但沒有證據是傳給江總，是否涉及什麼法律責任，恐怕不能言之過早!?

　　大維又打聽到了，Tony並不是加入江總跳槽的那家公司，而

是到了其設於大陸的關係企業擔任總經理。而最近台灣公司營業祕密流至大陸競爭對手之「商業間諜」問題時有所聞，因此，大維決定還是要請教律師並準備提告。

相關法規分析

我國刑法第317條「洩漏業務上知悉或持有之工商祕密罪」、第318條之1「洩漏利用電腦或相關設備知悉或持有祕密罪」、第318條之2「利用電腦犯洩漏工商祕密罪」等，禁止因法令或契約而負有保守業務上祕密，或持有工商祕密義務之人無故「洩漏」該祕密。此外，公司與員工之間通常也多簽訂有保密合約，約定員工任職期間或離職後負有維護雇主營業祕密之責任。

員工如果將公司機密資料傳送回家，關鍵在於是否再傳給他人，如果無故傳給他人，即涉嫌將雇主之工商祕密洩漏給第三人。不論洩漏的對象是否為競爭對手，該員工均可能觸犯刑法以上規定，也違反了與公司簽訂的保密合約。

但是，刑法以上規定僅處罰無故「洩漏」營業祕密之行為，並不處罰不法「取得」或「使用」行為，而若證明員工跳槽時帶走前雇主營業祕密，也必須證明新雇主為教唆犯或幫助犯，舉證上非常困難。因此，102年新增訂之營業祕密法第13-1規定，意圖

為自己或第三人不法之利益，或損害營業祕密所有人之利益，而有下列情形之一，處五年以下有期徒刑或拘役，得併科新臺幣一百萬元以上、一千萬元以下罰金（判科罰金時，如犯罪行為人所得之利益超過罰金最多額，還可以在所得利益之二倍至十倍範圍內酌量加重）。其中第3、4項，即對第三人（例如新雇主等）發生制裁的可能性：

1. 以竊取、侵占、詐術、脅迫、擅自重製或其他不正方法而取得營業祕密，或取得後進而使用、洩漏者。

2. 知悉或持有營業祕密，未經授權或逾越授權範圍而重製、使用或洩漏該營業祕密者。

3. 持有營業祕密，經營業祕密所有人告知應刪除、銷毀後，不為刪除、銷毀或隱匿該營業祕密者。

4. 明知他人知悉或持有之營業祕密有前三款所定情形，而取得、使用或洩漏者。

再者，若是將我國企業的營業祕密洩漏到國外，營業祕密法第13-2更有加重處罰規定，「意圖在外國、大陸地區、香港或澳門使用，而犯前條第一項各款之罪者，處一年以上、十年以下有期

徒刑，得併科新臺幣三百萬元以上、五千萬元以下之罰金。」

營業祕密法亦規定「本法所稱營業祕密，係指方法、技術、製程、配方、程式、設計或其他可用於生產、銷售或經營之資訊……已採取合理之保密措施者」。因此，受到營業祕密法保護的必須是：(1)具祕密性，(2)具經濟價值，(3)已採取合理保密措施：例如公司與員工簽有保密契約，或電子檔案設有密碼等。受到營業祕密法保護的優點在於，不需透過政府機構的法律登記程序才受到保護，而且保護期間沒有時間限制。尤其，營業祕密法給予「侵害防止請求權」，使營業祕密權利人可在有「侵害之虞」，但尚難具體證明侵害的狀況時，配合相關具體作為（例如員工所簽的競業禁止約款）採取防止方法，以有效地避免營業祕密受到侵害。

至於本案此種行為是否構成竊盜罪？竊盜罪之客體必須限於「動產」，我國刑法於92年修訂時，刪除有關「電磁紀錄」視為「動產」之規定。所謂電磁紀錄，是指以電子、磁性、光學或其他相類之方式所製成，而供電腦處理之紀錄。依此，電磁紀錄無法成為竊盜罪的客體。但刑法於92年修正時，針對電磁紀錄之無故取得，新增了刑法第359條：「**無故取得、刪除或變更他人電腦或其相關設備之電磁紀錄，致生損害於公眾或他人者，處五**

年以下有期徒刑、拘役或科或併科二十萬元以下罰金。」因此本案之行為若屬無故取得，仍有可能違反刑法第359條。

再者，大維誤以為凡是不守信諾、違背信賴者即犯了「背信」罪，未必正確。刑法規範背信罪之規定為：「**為他人處理事務，意圖為自己或第三人不法之利益，或損害本人之利益，而為違背其任務之行為，致生損害於本人之財產或其他利益者。**」依此，如員工將公司機密資料傳送給競爭對手，確實可能影響公司競爭力。然而，刑法背信罪所保護的是財產法益，通常指受公司委任處理財產事務、有權對該財產事務做決定之人，卻做出損害公司財產利益之行為而言。因此，非具有一定職位、非有權對財產性事務做成決定之人，如果僅是將公司機密資料傳送給他人，尚不致構成背信罪。

律師的叮嚀

許多人常使用的聳動名詞：「商業間諜」，其實是指一公司指派他人（未必員工）進入另一家公司竊取機密資料。在此情形下，指派者與實際行為人屬於共犯，所涉法律除上述幾種外，受侵害者尚可依該法律較明確之規定而要求民事上賠償。

時下常見對競爭對手提告後，在判決未確定之前，即公告周知

於媒體，或發函給特定客戶等方法，無非是要讓客戶得知雙方的訴訟，以達到競爭的目的。但是，應注意可能涉及誹謗或違反公平交易法的規定。

專家的建議

國際通商法律事務所助理合夥律師鍾薰嫺提供

營業祕密之案件一旦進到訴訟程序，首先面臨的就是公司如何舉證證明公司確實有營業祕密的存在。法律上所稱之營業祕密，必須特定具體，且是公司所獨有、具有經濟價值，非一般人所得知悉；此外，公司對於該等資訊必須設有保密程序且需具體落實，例如：對於資訊內容區分機密等級、限定特定人始得接觸或下載，或者對於傳遞方式設有限制等。

因此，公司如要落實營業祕密之保護，最好能夠精準地告知員工，公司的何種資訊屬於營業祕密，以及公司對於營業祕密之保密措施為何，並且具體落實營業祕密之保密方式。如此除可避免營業祕密遭不肖員工濫用外，亦可避免將來發生爭議時，因無法舉證證明營業祕密的內容，而錯失主張法律保護之機會。

對於科技業而言，公司營業祕密內容通常與時俱進，因此公司

可考慮定時舉行營業祕密保護之宣導，或定時與員工簽立保密協議。一方面可以更新營業祕密之範圍，另一方面也可向員工宣導營業祕密保護的重要性。

　至於員工要如何避免被公司主張侵害營業祕密呢？最重要在於：不要在工作以外的範疇，無故接觸、下載或洩漏公司的營業祕密。尤其，員工離職時，務必要將手上所有涉及公司營業祕密的文件、檔案或相關資訊返還公司，其後任職於新公司時，千萬不要使用或洩漏舊東家的營業祕密，才能留下漂亮的身影。

第26章
言論自由或侮辱誹謗

　　大維對Tony提告後，用email、LINE、WeChat、WhatsApp各種通訊方式告知客戶、公司員工，甚至親朋好友：「敬告諸位：我公司前任員工王宇桐（Tony）洩漏公司機密給其新東家，公司已提刑事告訴，並將追究相關共犯，勿枉勿縱！」大維並將之張貼在個人動態消息頁面，避免被洗版。

　　大維刻意不寫出王宇桐新公司的名字，但是又把提告對象的範圍寫得有點含糊，既能讓客戶們忌憚向其下單，又免得自己被告誹謗什麼的。大維平日則一副哀矜勿喜的論調，其實心裡正在竊竊自喜。

　　公司上上下下也收到大維的訊息，紛紛拍大維馬屁。但不久前才被大維調查出勾串侵占的Wayne及Cindra兩人，卻感坐立難安。Cindra仍相信，既然已寫了切結書將分期賠償公司，大維應該會如其所說，給他們自新的機會，不再追究了吧。但Wayne卻笑女友太傻太天真，覺得大維是笑裡藏刀，早晚也會對他們提告。所以，一定要把他整倒下台，才能安心。他隨即設了一個假

名的帳號在臉書及公司的對外網站上留言：「在台灣業界自稱大尾，卻個小如鼠，心思縝密，逢迎拍馬，才從黑手爬到技術長，自己跳槽卻告人洩密，整肅異己，草菅人命。平日裝一副率直大傻的樣，其實是『腹黑』的超級高手，出手快狠準，對公司治理一竅不通，卻能爬到總經理的高位，真是令人吐到五體投地！」

大維是工程師出身，對於假帳號這點雕蟲小技，沒多久就破解而發現是Wayne所為。大維氣得齜牙咧嘴，要人資長Henna立刻以侮辱、誹謗的罪名把他開除。但Wayne卻辯說：這是他的言論自由！另一方面，Tony及他的新公司也從客戶處得知大維發出去的訊息，發了律師函表示要告大維誹謗。

大維簡直不敢想像這樣的處境，自己怎會從捍衛權利的受害者角色，一下子變成是腹背受敵的被告角色？立刻找律師求救。

相關法規分析

依刑法第310條誹謗罪規定：「**意圖散布於眾，而指摘或傳述足以毀損他人名譽之事者，為誹謗罪。**」若是以「散布文字、圖畫犯前項之罪」者，則為加重誹謗罪，刑罰較重。本案中，大維用email、LINE、WeChat、WhatsApp發訊息給客戶、公司員工、親朋好友，並將之張貼在個人動態消息頁面，已經構成「意

圖散布於眾，而指摘或傳述……」，並且是以「散布文字」方式所為的加重誹謗罪。

而關鍵在於大維所說的內容：「王宇桐洩漏公司機密給其新東家，公司已提出刑事告訴，並將追究相關共犯」是否屬於「足以毀損他人名譽之事」？尤其刑法該條也有除外規定，如果行為人「對於所誹謗之事，能證明其為真實者，不罰」。

但是，大維公司「提出刑事告訴」一事雖屬真實，但在法院尚未有終局確定判決（也就是一般所謂的判決定讞）之前，大維指「王宇桐洩漏公司機密給其新東家」之陳述，無論是否屬實，都是尚未被法院認定的。除非經合理查證，而依查證所得資料，有相當理由確信其為真實，大維仍可能構成刑事誹謗罪，也可能已構成民事上的侵權行為而需負賠償責任。

刑法第309條公然侮辱罪的文字很簡單，但其內涵有法律上的意義，並由司法機關隨著時代的變遷予以闡釋。按目前的通說，「公然」是指「不特定多數人」或「特定多數人」得以共見共聞之狀態，但不以實際已經共見或共聞為必要。「侮辱」是指內涵有謾罵或攻擊性，可使他人名譽受損的文句。大維公司的業務Wayne在臉書及公司對外網站所張貼的文字，已可構成公然侮辱罪。即使他所寫的內容未指名道姓，但其描述足以指涉大維，

並非可因此而免於罪責。至於其所抗辯「言論自由」，確實可能是一種阻卻違法的事由，中華民國憲法第 11 條明文規定「人民有言論、講學、著作及出版之自由」，但是言論自由並非漫無邊際，當言論造成誹謗、侮辱、洩密，行為人仍會受到法律制裁。

此外，依勞基法第 12 條規定，**如勞工對於雇主、雇主家屬、雇主代理人或其他共同工作之勞工，實施暴行或有重大侮辱之行為者，雇主得不經預告終止契約，但應自知悉其情形之日起，三十日內為之。**基於此，大維公司可本於此法定解僱事由，予以解僱；但員工也可能主張他所寫的內容並非重大侮辱。公司可先行合理判斷，如逕予解僱，而員工不服卻提起訴訟的話，是否屬於重大侮辱還待法院認定。

律師的叮嚀

大維在傳送的訊息中，雖然刻意沒寫出王宇桐新公司的名字，也未說該公司是共犯，但其所指對象卻屬「可得知」者，因此王宇桐的新公司也是受大維指摘傳述的對象。而且，公平交易法上對於不公平競爭行為也有許多處罰的規定。大維縱然很技巧地擦邊球，心存僥倖地想要玩法，但極可能造成玩火自焚的結果。

時下因網路發達，在網路上濫罵、霸凌的情形不勝枚舉，但並

非因屬網路世界，就可以隨心所欲。即使LINE等群組一般是給特定的朋友群使用，但最近台中地院則認為，在個人動態消息頁面張貼謾罵、攻擊文句，其他人可見留言內容，也屬「共見共聞」，同樣構成公然侮辱。因此，目前在各種網路通訊上的討論，除非是有加設密碼只讓少數特定人觀看內容者，方無構成「公然侮辱」的可能性。

專家的建議

中華民國律師公會全國聯合會2011年度理事長 / 國際通商法律事務所資深合夥律師劉宗欣提供

台灣自詡尊重並保障個人自由，隨著傳播媒體及網路普及，言論自由常與其他同樣受法律保障之個人權利發生衝突。最常見的就是言論自由與名譽權的衝突，以及所衍生的妨害名譽涉及的法律責任問題。

刑法妨害名譽罪章針對損害他人名譽之言論訂有處罰規定，但為保障言論自由，也規定了多項不罰的事由。這些事由於具體個案中應如何適用，則與如何平衡言論自由及名譽權的保障息息相關，而隨社會觀念的進展，司法實務對於妨害名譽的處罰範圍也

會產生變化。

妨害名譽除了可能會有刑事責任之外，也可能會有民事的損害賠償責任，包括請求慰撫金及回復名譽的適當處分。後者常見的方式，爲登報道歉或在相關媒體道歉（例如臉書）。

實務上，常觀察到有人爲了主張自己的權利，透過網路通訊軟體或社群媒體散布關於他人之言論，因所使用網路的相關管道很容易符合「意圖散布於眾」或「公然」的要件，以致常發生反被控告妨害名譽的情形。因此，主張權利最好還是在司法機關主張，若需以其他管道主張權利（例如網路），用字遣詞需要多加注意；尤其應避免使用情緒性字眼，才不會從主張權利的原告變成妨害名譽的被告，不可不慎。

第27章
員工行賄？公司肅貪！

　　近幾年來一公家機構每年向優尼克公司採購客製化電子設備，是公司重要的營收之一，今年度的驗貨交接當天，大維被告知要代表公司跟該公家機構的「長官」餐敘。席間，業務Wayne及會計Cindra忽然出現，向賓客們一一敬酒打通關。結束前，Cindra還幫忙分送公司準備的伴手禮給每位賓客，Wayne則請賓客與大維合影留念。大維不好意思叫他們閃人，但最近和Wayne之間的訴訟即將開打，心中納悶他怎麼還會帶著女友來幫忙招待客戶，難道是在搖尾乞憐嗎!?

　　第二天，Wayne約大維見面，卻沒提訴訟一事，而是滔滔不絕地說自己花多少年功夫打通關係拿到客戶訂單。接著拿出一疊紙張，說這些都是奉前任江總指示，陪客戶打球、送客戶禮物、招待客戶上pub喝酒、吃飯的發票影本及一些照片複印本。另外，也拿出昨晚大維宴客餐敘時的合照，賓客們手上的伴手禮特別刺眼。Wayne抿著嘴，笑著對大維說：「如果你夠識相，每筆交易的佣金依『業界不能說的祕密』，以得標金額扣除5%營業稅後

一成做為回扣，客戶一半、業務組及總經理均分一半，一切照往例，雙方及客戶都不會吃虧，這就叫做『三贏』。否則就玉石俱焚，你自己看著辦！」大維愣了一會兒，問Wayne：「這樣做不犯法嗎？你到底要什麼？」Wayne冷笑：「像你這樣的死宅都可以做總經理！我在外面拚了命，你在裡面不沾鍋。我要什麼？我要生存！我要做到公司訂的業績！」

大維感到事態嚴重，趕緊請教律師：「員工陪客戶打球、送客戶禮物、招待客戶上pub喝酒、吃飯算行賄嗎？ Wayne所說的佣金問題，是合法的嗎？」

相關法規分析

員工如行賄、招待或買禮物餽贈公司客戶，首先要依客戶是否為政府機構（即所謂「公家機關」）而區分，涉及的法律有所不同。如果是私人機構，受賄者可能觸犯刑法背信罪，行賄者則為其幫助犯，刑責並不重。但若是政府機構，員工可能觸犯貪污治罪條例。

當交易的對象是公家機構，行賄行為觸犯貪污治罪條例時，處罰極重，包括：

1. **違背職務行賄罪**：對於公務員，關於違背職務之行為，行求、期約或交付賄賂或其他不正利益者，處一年以上、七年以下有期徒刑，得併科新臺幣三百萬元以下罰金。

2. **不違背職務行賄罪**：對於公務員，關於不違背職務之行為，行求、期約或交付賄賂或其他不正利益者，處三年以下有期徒刑、拘役或科或併科新臺幣五十萬元以下罰金。

以上兩者的區分，「違背職務之行為」指公務員職務範圍內不應為而為，或應為而不為的行為；「不違背職務之行為」指公務員在職務範圍內應為或得為的行為。易言之，「違背職務行賄罪」是要求公務員做違背其職務的行為；而「不違背職務行賄罪」則是要求公務員做其職務內的行為。但犯罪構成要件之一是收送雙方有行受賄之主觀犯意，客觀上有行求、期約或交付賄賂或其他不正利益之行為。

「行求」是指就具體請託事項，明示或暗示、直接或間接地表示要送給公務員財物或其他不正利益，包括直接送錢、送禮、餐飲、娛樂活動如打球等，而且不管公務員同意或不同意皆同。「期約」是指就具體請託事項，明示或暗示、直接或間接地表示要給公務員財物或其他不正利益，也獲得公務員之同意，僅尚未

交付；若已達交付之階段，即屬「交付」賄賂或其他不正利益之犯罪態樣。

本案優尼克公司出售客製化電子設備給政府機構，應查明Wayne陪主管的公務員打球、送禮物、招待喝酒吃飯，其原因或目的為何？例如，若為使公家機構採購不合其需求之電子設備而行賄，則構成「違背職務行賄罪」；若為使公家機構採購符合其需求之電子設備而行賄，構成「不違背職務行賄罪」；若因產品未依約設計而不能通過驗收，為要求通過驗收而行賄，構成「違背職務行賄罪」；如產品符合驗收標準，但為要求盡快通過驗收而行賄，則構成「不違背職務行為行賄罪」。

但，不論違背職務或不違背職務行賄罪，都需行為及相對人主觀上有行賄及受賄的故意。因此，本案另一關鍵，在於Wayne所提出的打球、送禮物、招待喝酒、吃飯等發票單據，是否如其所稱是受前任江總指示之行賄，或是其個人社交行為？甚至是否公務員濫用職權索賄，因害怕其權勢而同意才交付賄賂？如屬個人社交行為或被迫，則未必構成行賄罪。而即使構成犯罪，只要自首或在偵審中自白，均可能減輕或免除其刑。

至於佣金，一般介紹交易而收佣金，如仲介不動產等，並非犯法；但是，如收取佣金的人是受公司委託任務，有受託責任

（Fiduciary Duty）的人，無論是董事、經理人、財務、採購、銷售等，均需遵守公司規章。假如公司訂有禁止佣金之規範，行為人不只違反公司規範，嚴重者可能被解僱，更可能已觸犯刑法背信罪，即「**為他人處理事務，意圖為自己或第三人不法之利益，或損害本人之利益，而為違背其任務之行為，致生損害於本人之財產或其他利益者，處五年以下有期徒刑、拘役或科或併科一千元以下罰金**」，並處罰未遂犯。但背信罪的構成要件必須是有意圖取得不法利益，或意圖加不法損害於本人（即委託處理事務之人）。因此，若公司並未訂有禁止佣金之規範，而公司又不能證明因該佣金的支付而蒙受到損失，即難以就付佣或收佣的員工律以本罪。

本案尚可能涉及公務員圖利罪，其構成要件是「公務員對於主管或監督之事務，直接或間接圖利者，處一年以上、七年以下有期徒刑，得併科七千元以下罰金」。但因犯罪主體必須是公務員，對本案公司及員工較無影響。

本案也涉及公務員是否違反了行政法規。例如，公務員服務法規定，公務員有隸屬關係者，無論涉及職務與否，不得贈受財物；公務員於所辦事件，不得收受任何餽贈。另，公務員廉政倫理規範有很詳細的規定，並適用於兼任行政職務之公立醫院醫事

人員（例如參與辦理採購程序的醫師）、公立學校兼任行政職務之教師、公營事業機構之員工（如董事、監察人、總經理等）。其規範是：對於與其職務有利害關係者餽贈財物，原則上均應拒絕。例外情形是：偶發而無影響特定權利義務之虞的公務禮儀、長官之獎勵、救助或慰問、受贈財物市價在新臺幣五百元以下者；或對機構內多數人為餽贈，而其市價總額在新臺幣一千元以下者；因訂婚、結婚、生育、喬遷、就職、陞遷異動、退休、辭職、離職及本人、配偶或直系親屬之傷病、死亡受贈之財物，其市價不超過正常社交禮俗標準者（三千元，但同一年度來自同一來源受贈財物以一萬元為限）。

律師的叮嚀

如與公家機構有交易，無論行賄、招待或買禮物餽贈，重者是重大犯罪，輕者可能是幫助犯，但無論如何，公司相關人等都可能會傳喚出庭作證，甚至有從證人變被告的情形。而且，世界上大概任何人都怕開庭（即使是律師開庭也特別戒慎恐懼），所以員工還是不要為了業績鋌而走險。

「圖利」與「便民」常是一線之隔，簡單的分辨方法是：公務員依法律執行公務，在合法範圍內給予民眾方便，是便民；如果

違反法律，而給民眾方便，則是圖利。只要是在合法範圍，當然期望公務員多多便民。但我國社會大眾對於公務員的便民行為又非常敏感，可能是沒有信任感，以致公務員不如抱著「不做不錯」的消極態度，令人遺憾。

大維應該先向公司內部稽查單位提出報告，一般也可能由外部律師參與調查，以釐清事實及所涉及的重要人證物證，評估是否構成違法後，再向司法檢調單位自首。

在特定的職業方面，也要注意中央及地方政府機構、業界均可能訂有特別規範。例如，醫藥界需注意遵循醫師倫理規範、中央衛生主管機關公告之「醫師與廠商間關係守則」，以及中華民國開發性製藥研究協會（International Research-Based Pharmaceutical Manufacturers Association, IRPMA）的市場行銷規範等等。

公司對於反貪污反佣金等，最好訂有商業行為守則（Code of Business Conduct），除了構成員工所簽訂僱用合約的一部分，也為員工做員工訓練，讓他們熟悉這些規定及實務運作。畢竟法令很多、規章很多，制度化的規章及訓練才能夠幫助員工避免錯誤或甚至於觸犯法律，也才能避免公司因而陷入此類危機。

專家的意見

台灣浩鼎生技股份有限公司營運長孟芝雲提供

公司若設有法務（Compliance）部門及相關辦法，為能確實執行，必須對員工施以教育、訓練，要求員工對於可能違反者要舉報給法務部門。因為在一般情形之下，員工是不太可能主動舉報同事的。

而如查證發現員工確有嚴重違反Compliance的行為，公司應立即開除。例如，要脅共同做收賄等違反Compliance之事；設局誣害同事與賓客餐敘及送禮，是違背倫理道德的行為；打球送禮、招待至pub飲酒及餐宴金額，如超過新臺幣三千元的公務員送禮上限，均違反一般所知的Compliance規章。

第28章
外派

　　大維陷入訴訟的苦惱，既告了業務Wayne侮辱，但同時也被Tony告誹謗。就前者告人的案件來說，大維覺得好像檢察官把「原告」當被告似的，在法庭上詢問他比Wayne還要多得多。就被告的案件來說，大維更覺得自己像是「此恨綿綿無絕期」的怨婦，不知要拖多久。律師勸他考慮和解，他當場忍住不發飆，但轉頭馬上換掉律師，如果律師沒有信心，他怎麼有信心！而新委任的律師則順著毛摸，勸大維一定要爭一口氣。大維日夜都想著如何攻防答辯，連下班後也熬夜看美劇「法庭女王」，老婆說：「你只剩一口氣了！」

　　大維沒有心思管理公司，害怕員工找他麻煩，國外的老闆苦勸無效，只好提出一個建議，要大維考慮到中國的關係企業去工作。雖然當地已有總經理，大維還是可以擔任技術長，回到他所擅長的領域。

　　大維覺得這也是一個轉機，回家問老婆意見，竟也完全無異議贊成。但考慮到兩個孩子已在準備高中及大學入學考，老婆希望

留在台灣照顧孩子，讓大維無後顧之憂。大維眞是感動得說不出話來，這也是生平第一次看到老婆對他如此溫柔的眼光！大維因此決定接受外派安排，但希望公司能爲他保留台灣公司的勞健保，讓家人及自己都還有勞健保的保障，以後他還是要回台灣退休、養老。

人資長Henna便請教律師該如何辦理外派呢？

相關法規分析

一般台灣員工如被外派到大陸關係企業工作，除了受僱成爲大陸公司的員工外，大都希望透過台灣公司保留台灣的勞健保，公司也就給予方便，繼續維持與員工之僱用關係，給付員工在台灣的部分或全部薪資，以繼續爲員工保留台灣的勞健保。如此，員工有可能被認爲兼有大陸公司及台灣公司的員工身分，即所謂「雙方僱用關係」或「dual employment」的關係。此種情形下，大陸公司及台灣公司都是該外派員工的雇主，必須依各國勞工法律以及各該公司與員工間之契約約定、公司規則，來規範各個公司與員工之間的關係。

實務上也有仍以台灣公司爲雇主，只是將員工「外調」到大陸公司工作，即所謂「secondment」。如果打算採取這種做法，台

灣公司、大陸公司、員工三方之間宜簽立外派員工服務契約，約定三方的權利義務為何。尤其，倘若台灣公司對該員工的薪資給付義務是委由大陸公司付款，薪資全部都由大陸公司支付，若無該服務契約，大陸公司代替台灣公司的付款行為將無法律上的依據，可能發生稅法上的問題。

另一種可以考慮的做法，是讓員工在外派期間與台灣公司辦理「留職停薪」，再派員工至大陸公司工作。此種做法仍維持員工與台灣公司之間的僱用關係，只是在留職停薪期間，公司不必給付員工薪資。此種情形依現行規定，台灣公司可繼續為該留職停薪的員工投保台灣的健保，但無法透過公司繼續投保勞保。此外，對於留職停薪中或期間屆滿後，應該如何處理員工與台灣公司、大陸公司之間的關係，必須先行在合約等法律文件中清清楚楚約定，俾利遵守。

此外，也有公司讓員工先結束與台灣公司之間的僱用關係，再外派到大陸公司工作。這種情形，台灣公司與員工之間宜簽立合意終止僱用契約，大陸公司則與該員工簽立新的僱用契約。但，如果員工有舊制年資，台灣公司與員工應協議是否結清，或以契約方式約定處理方法，各方將相關的權利義務約定清楚，可以避免員工事後主張是被台灣公司片面非法終止僱傭關係，或是公司

事後不願對員工先前的舊制年資給予退休金、資遣費或其他相關的補償。

至於台灣公司外派員工至中國公司工作時,在處理台灣公司與員工之間的關係時,應考慮的事項包括:若員工日後受資遣時,如何計算資遣費?由哪家公司支付?員工欲退休,是在台灣公司或是大陸公司退休?員工的退休年資是以台灣及大陸合計或分別計算?員工在大陸公司領取之薪資及福利,是否納入平均薪資之計算?如何計算退休金?員工與大陸公司之僱用關係終止時,其與台灣公司之僱用關係應如何處理?員工是否及如何可以回台灣公司任職?如何安排其職務等等。

外派至大陸工作的員工,如果在台灣仍有勞雇關係的存在,而薪資是全部或部分委託大陸公司支付,那麼員工在大陸及台灣均有報稅義務。台灣公司也必須為員工薪資做所得扣繳,萬一處理不慎,可能會導致稅法上的處罰,而且其執行力不受訴願、訴訟等阻卻進行。

最後還要注意,台灣公司若未付薪資給該員工,又無委託大陸公司支付的法律依據,卻繼續為該員工投保台灣勞健保,可能會造成投保薪資與實際給付薪資不符的情形,而衍生其他相關規定之問題,必須審慎處理。

律師的叮嚀

派員工到大陸公司工作，無論是以前述的「雙方僱用」、「外調」、「外派」、「留職停薪」等方式爲之，都涉及台灣公司、大陸公司及員工三方當事人之間複雜的法律關係。目前我國法令並未針對將員工外派至國外公司工作之情形特別立法予以規範，必須回到現行勞動法令來規畫相關公司及員工之間的法律關係，而法院判決對於外派大都依據個案事實予以處理，因此也增加外派員工法律關係應如何處理的不確定性。但是，倘若當事人彼此間針對外派的權利義務關係，以契約或其他法律文件加以規範，則可以盡量減低在未來處理上之不確定性。尤其，大陸及台灣的勞工法、稅法等並不相同，大家若不把醜話說在前頭，反而在發生爭議時難以和諧解決。

爲鼓勵人才、培養人才，公司可制定相關「外調辦法」，以資適用於跨國或集團內的不同公司。例如，對於外調員工保障於若干年後得調回擔任台灣工作，若台灣無原職缺供回任時如何轉調或合意終止僱傭關係；員工何時及如何條件時，得以辦理退職或退休；如員工於大陸公司工作期間申請退休，是否仍能向台灣公司申請退休及請領退休金等等。有些公司甚至明白約定員工應於申請退休前六個月以上申請調回台灣公司，而且員工退休前平

均薪資並不包含境外津貼。總之，公司外派員工時，最好依個案事實及實際需求進行規畫，在前述「雙方僱用」、「外調」、「外派」、「留職停薪」當中選擇最切合個案所需的方式，把相關的權利義務約定清楚，使各方當事人都能有所遵循，並同時促進人才之跨國流動。

專家的建議

國際通商法律事務所助理合夥律師**賴建宏**提供

　　企業將員工外派到國外工作，有可能是為了集團企業的需求，也可能是員工為了個人的職涯發展，原因不一而足。然而，不論原因為何，外派涉及多個當事人以及不同國家之法制，應事先妥為規畫，尤其應視個案具體事實以及各方對於外派安排的期待，在符合各國法令的情形下，將各當事人之合意形諸文字。否則，在外派之初，各方大都認為外派符合各方的需求及利益，但常常在一定時間經過後，情事與最初外派時不同，此時若無合約或公司相關規範可資遵循，很容易會產生糾紛。

　　在安排外派的架構及合約時，因所涉及的法律不只台灣法，尚包括外派地的當地法令，因此必須由台灣律師與外派地當地律師

共同合作，處理外派的架構及合約相關文件，才能契合個案需求，且符合各地法令，而不會顧此失彼。

　　過去幾十年來，大批台灣企業及台幹前進大陸，當時對於外派員工不一定有非常審慎的考量及安排。任職期間，只要員工的薪資、福利不受影響，員工不見得會有意見或爭執。但隨著員工年紀漸長而符合退休資格，很多實際的問題均會出現，例如：要在哪家公司退休？如何計算年資及退休金？等等，這些問題都需要長時間與員工溝通、協商如何解決，公司不能不未雨綢繆。

第29章
退休

　　光陰似箭，大維到中國工作了兩年，母公司對他的表現頗為肯定，又延長了兩年。但也明白告訴他，公司對這種所謂外派（Expatriate）的安排，政策上規定最長就是四年，大維就該回家了。大維理應高興可以衣錦榮歸，但實際上，如果回到台灣工作，他將少了外派薪資（Expatriate Package），收入會大幅縮水。而老婆對於現在的生活消費已大幅提升到國際「檔次」，他有點擔心，他們能夠同享樂，也能共患難嗎？

　　大維想想，從畢業後工作至今已經二十五年了，兢兢業業，一天也沒偷懶過——至少不是主動要偷懶，乾脆還是申請退休吧！以他在業界的名聲，退休後再找個其他工作，應該也不難。大維想得有點心虛，沒想到老婆說無論如何都好，大維這才發現，平日大剌剌、老愛吐槽的老婆，其實是最支持他的賢內助。幸好，剛去大陸時他嚴峻地拒絕了所有「小三」的誘惑（其實，大維的死黨說：是「小三」的檔次也已大幅提升，看不上大維啦）。

　　何況，大維還有一個法寶。原來，當年他決定接受外派前，要

求母公司給他一份同意書，承認他在先前公司及現在集團的台灣公司的一切年資，並且讓他可以在集團內的台灣公司按照舊制領取退休金，大維可不是裸退，而是可以領到很大一筆退休金！

Henna聽到大維的請求後，請律師幫忙確認公司該如何處理？

相關法規分析

我國自94年7月1日起開始兼有「退休舊制」（勞基法之退休金制度）及「退休新制」（勞工退休金條例之退休金制度），新舊制的退休條件及退休金的計算均有不同。簡要而言，若員工是於94年7月1日後始到職或離職後再受僱者，均適用勞退新制；若是保有舊制年資之勞工，於符合以下勞基法退休條件之一時，得向雇主請求退休並依勞基法計算退休金：

勞退舊制是依照勞基法第53條及第54條規定，包括「自請退休」及「強制退休」兩種：

1. 自請退休必須是以勞工自願退休為前提，其條件是以下其中之一：
   (1)在同一事業單位工作十五年以上，且年滿五十五歲；
   (2)在同一事業單位工作二十五年以上，無年歲限制；

(3)在同一事業單位工作十年以上，且年滿六十歲。

2.強制退休是指公司可要求勞工退休的情形（但並非公司一定
　要強制員工退休），其條件是以下其中之一：

(1)勞工年滿六十五歲；

(2)心神喪失或身體殘廢不堪勝任工作者。

　　勞基法退休金的給付標準是按勞工（於同一事業單位）的工作
年資，十五年內每滿一年給予兩個基數，超過十五年的工作年
資，每滿一年給予一個基數，累計最高以四十五個基數為限。如
未滿半年者，以半年計；滿半年而未滿一年者以一年計。

　　但若勞工是因執行職務所致心神喪失或身體殘廢，而需強制退
休者，其退休金應加給20%。

　　因為勞基法是逐漸擴大適用至不同行業，若員工剛任職時公司
所屬行業尚未適用勞基法（也沒有其他法律規定公司負有支付
退休金之義務），但於員工退休時公司已適用勞基法，這種情形
下，除非公司有特別規定或與員工有特別約定，否則公司計算員
工舊制退休金時，只需就適用勞基法後的同一公司工作年資發給
舊制退休金，而不是就全部工作年資發給退休金。

　　勞退新制下可以請領退休金的條件原則上是：年滿六十歲（不

限年資），得向勞工保險局（以下簡稱「勞保局」）請領適用勞退新制期間個人專戶累積之退休金（依年資是否滿十五年決定可領月退休金或一次退休金）。該帳戶是由勞工的雇主（不限同一）依法需按月提撥勞工薪資的6%至勞工的個人帳戶。

　　假如勞工於94年7月1日開始實施勞退新制後選擇了新制，但之前已有舊制年資，於符合舊制退休條件時（必須是在同一雇主工作至退休），仍依勞基法退休金計算向雇主請領退休金；就新制年資，仍是向勞保局請領個人新制專戶累積之退休金。

　　如果雇主與員工間訂有承認先前年資之約定（例如，因公司併購或在關係企業間調職，而由新雇主承認員工在之前公司的工作年資），此時員工退休金年資之計算，就應加計先前為其他公司工作的年資。本案中，大維因已離開先前的布拉沃公司，其先前舊制年資並不當然能累積到新公司優尼克台灣公司，而優尼克中國公司的年資也非依法需併入計算退休年資。母公司給他的同意書承認他先前公司的年資，讓他可以按舊制領取退休金，形同一份契約，大維可向其母公司要求履行契約上的承諾，但他在優尼克中國公司的年資能否併予計算，並不明確，尚需協議釐清雙方當事人真意，或可協議透過集團內台灣公司承擔，讓大維能以契約領得依勞基法公式計算的退休金。

律師的叮嚀

勞基法第28條修正案於104年2月4日公布，將新、舊制資遣費及舊制退休金三者合計最高達六個月平均工資之部分，擴大納入積欠工資墊償基金之墊償範圍，增加對勞工的保障。另外，自104年10月5日勞基法第28條第1項修正案生效日起，積欠之工資未達六個月部分、未獲清償的退休金及資遣費，其受清償順序列為與第一順位之擔保物權所擔保的債權（如銀行設有抵押物的債權）相同。勞動部並宣示，如雇主未依規定給付勞工資遣費或退休金，將加重罰鍰至三十萬元至一五〇萬元，並限期令其給付，屆期未給付者，將按次處罰。因此可見，我國對雇主應負擔的退休金責任，至為重視。

退休新制施行雖有十年了，但仍有許多公司員工是領舊制退休金。公司人資單位辦理舊制退休金計算時，應特別注意。尤其，104年修法規定，雇主必須於年終檢視其勞工退休準備金專戶提撥狀況，如不足未來一年內符合退休資格勞工舊制退休金給付所需者，應於規定期限內補足差額；未依限補足者，將會課予九萬至四十五萬元的罰鍰。尚未因應行動的公司可要盡快補足了！

針對違反勞基法經主管機關處以罰鍰者，勞工主管機關尚可公布事業單位姓名，就很多重視守法紀錄之公司及負責人而言，即

使罰錢事小，若是被公布在違法名單，將是難以承受的污點。

專家的建議

國際通商法律事務所合夥律師呂曼蓉提供

　　就關係企業之間調職（而不是借調），處理員工退休金問題，常常被採用的方式有：調職時，原公司即與員工合意終止契約，發給相當於退休金或資遣費的離職金，結清年資。或者，原公司（通常是集團內的母公司）規定關係企業間調職的員工，於員工未來在關係企業任職的全部年資總計符合退休資格時，調回原公司再辦理退休，原公司承認於關係企業之全部年資，一併計付退休金等。

　　即使是關係企業之間的調職，除非新公司出具承諾，承認員工替原先公司工作之年資；或新公司退休辦法或工作規則內規定承認關係企業之年資，否則，關係企業之間因為是不同法人，員工在新公司退休時的退休年資不必併計原公司工作年資。所以，員工被調往關係企業的其他公司時，應該特別就年資能否繼續，與公司做清楚的約定。唯一例外的是，如關係企業的負責人屬同一人者，法院實務上仍可能承認屬同一雇主的調動，而併計年資。

　　如果因員工升任為委任經理人，甚至擔任董事，其與公司間之法律關係已由僱傭關係變更為委任關係，其原有僱傭關係應已終止或暫時中止。因此，如該員工回任為勞工身分而辦理退休，計算其退休金之基數時，不計入擔任委任經理人期間之年資。若雙方約定給付員工委任期間之退休金，公司不能以勞工退休準備金專戶內的準備金給付，而需由公司另籌財源發給。

第30章
退休金可以冤稅嗎？

　　國外母公司希望指派大維做法人股東代表並出任董事長，大維一方面高興真是苦盡甘來，要光宗耀祖了；但另一方面卻想到多年累積的勞工退休金會不會就此泡湯了。然而，若檯面上提出來這個顧慮，又好像自己太斤斤計較、小鼻子小眼睛了，會不會把董事長這美事給丟了？於是他僅私底下跟國外母公司的上司表示，可否由公司為他繼續提撥退休基金，並且做分期給付、免稅等法律上的優惠？上司回覆當然會保障他的一切法律上應有權益，雙方皆大歡喜。

　　日子匆匆過去，大維到了可以自請退休的日子。公司為他辦了一場盛大的餐會，風風光光地退休。大維在退休餐會上感性地哭了，他說這輩子沒為老婆愛人掉過眼淚，把所有的淚水都給了公司，以後可要好好補償老婆了。

　　其後，大維向人資長Henna詢問，他的退休基金有多少了呢？可不可以分期給付免繳稅？Henna這才趕快了解狀況，發現大維跟他的國外母公司上司根本是雞同鴨講，對雙方的英文郵件根本

解讀不同。因此，Henna從未曾接到指示要為大維繼續提撥退休基金，她要如何解套、避免僵局呢？

Henna於是趕緊請教稅法律師及會計師：「就具備董事長身分的員工，公司可否為其繼續提撥或提繳退休金？如果當初公司答應為董事提撥退休金，現在可否以這樣的做法違反法規而不認帳呢？退休金可以由公司及員工合意做分期給付嗎？分期給付就可以免稅嗎？」

相關法規分析

自勞工退休新制實施以來，常有納稅人詢問對於具備董事身分者，營利事業可否為其提撥或提繳退休金，以及事業單位能否認列為費用。針對此問題，行政院勞動部已引用公司法相關規定做過解釋：公司董事係雇主身分，非勞動基準法之勞工；因此，董事如屬實際從事勞動者，得依勞工退休金條例規定，自願提繳退休金。但事業單位不得再另行為其提繳退休金，就會計帳務而言，亦即不得以退休金費用列帳。

此一函釋亦適用於董事長，因此大維既然成為公司的董事長，即使仍然實際為公司工作，也只能依勞工退休金條例規定自行提繳退休金；但公司不得為他提繳退休金。大維從母公司所得的承

諾，可能是因為不知法律而做出違反法律規定的承諾，包括：答應提撥退休金、分期給付、免稅等等。此等約定雖礙於勞基法的規定而無法執行，但就契約合意的觀點而言，大維仍可以向公司主張其違反契約約定，而應賠償一切的損失。弔詭的是，大維的上司所說保障大維的「一切法律上應有權益」，可能有不同的解釋，而當雙方眞意不明時，並非必然以勞方的解讀爲準，大維還需提出更具體的證明。

依勞基法第55條第3項規定：「**第一項所定退休金，雇主如無法一次發給時，得報經主管機關核定後，分期給付。本法施行前，事業單位原定退休標準優於本法者，從其規定。**」因此，適用勞基法之行業，其員工退職金之給付，係以一次給付爲原則。公司應依所訂員工退休規定，一次給付退休所得。不過，倘若因財務或資金困難，經與員工達成協議或經員工同意採分期給付者，該退休所得核屬所得稅法第14條第1項第9類第1款規定「一次領取」之退所得。分期給付之所得累計已達所得稅法規定的定額免稅額度部分，於公司給付時依規定之扣繳率扣取稅款，由受領員工併入超過之各所得給付年度所得總額依法課稅。

1.如公司所訂員工退休辦法本已規定是分年給付退休金，於給

付員工退休金時，則應依所得稅法第14條第1項第9類分期領取退職所得之規定計算所得額，並依規定辦理扣繳。

2. 按所得稅法第14條第1項第9類第1款規定：退職所得，凡個人領取之退休金、資遣費、退職金、離職金、終身俸及非屬保險給付之養老金等所得。……一次領取者，其所得額之計算方式如下：

(1)一次領取總額在15萬元（依據財政部104年12月11日公告105年度計算退職所得已提高為175,000元）乘以退職服務年資之金額以下者，所得額為零。

(2)超過15萬元（依據財政部104年12月11日公告105年度計算退職所得已提高為175,000元）乘以退職服務年資之金額，未達30萬元（依據財政部104年12月11日公告105年度計算退職所得已提高為351,000元）乘以退職服務年資之金額部分，以其半數為所得額。

(3)超過30萬元（依據財政部104年12月11日公告105年度計算退職所得已提高為351,000元）乘以退職服務年資之金額部分，全數為所得額。

至於退職服務年資之尾數未滿六個月者，以半年計；滿六個月者，以一年計。（103年度金額已調整，詳參財政部公

布數字）

　第2款規定：分期領取者，以全年領取總額，減除65萬元
（依據財政部104年12月11日公告105年度計算每年分期領
取之免稅額已提高爲758,000元）後之餘額爲所得額。

　第3款規定：兼領一次退職所得及分期退職所得者，前二
款規定可減除之金額，應依其領取一次及分期退職所得之比
率分別計算之。

律師的叮嚀

　當員工升遷爲總經理，甚至董事、董事長身分時，公司及員工
都需注意其權利義務關係可能不再適用勞基法，宜雙方協商議定
其新的權利義務。否則，員工可能得了頭銜，卻瘦了荷包。例
如，公司董事係雇主身分，非勞基法之勞工；因此，董事如屬實
際從事勞動者，得依勞工退休金條例規定，自願提繳退休金，但
事業單位不得再另行爲其提繳退休金。畢竟，退休金是爲了保障
員工退休生活所設，必須防範由公司自肥其董事、總經理等，將
退休金提領一空。再者，退休金欲以分期給付，除非是公司於設
立退休金辦法時已有所約定，必須符合法定「財務或資金困難」
的條件，並非可私相授受，而且分期給付未必可全額免稅。

相對而言，公司的董事長、總經理皆有權對外代表公司，其所做的契約或承諾，對公司有一定的拘束力，必須從公司的資金賠償對員工違約所造成的損害。除非能證明是故意違法或做出違反公司利益的事，公司必須履行之，其後再向其求償。因此，公司一方面要授權董事長、總經理，一方面也應將其授權範圍規範明確，以保護公司全體股東的權益。

專家的建議

台亞衛星通訊TAS財務資深副總經理李燕珠提供

員工如果自願提繳退休金免稅，是可以達到節稅目的，但仍以薪資6%為自願提繳之上限。此自提金額於當月薪資所得中扣除，達到節稅之目的，但並無法完全免稅，而需依每年稅局公告之級距計算所得。

公司董事兼總經理之退休金，係依據精算師精算提撥退休準備金，帳列應計退休金負債，給付退休金不足額時由當年度費用列支。至於員工退職金之給付，目前並未採分期方式，仍以一次給付為原則。據了解，目前一般業界較少採用分年給付退休金，但若此種方法是員工所願，公司一般皆樂於研議其可行性。

若採分期給付者，分期給付之所得累計已達所得稅法規定之定額者（免稅額目前為758,000元，如前述法律分析），受領員工仍需併入超過之各所得給付年度所得總額依法課稅。

國家圖書館出版品預行編目(CIP)資料

上班不囧：職場必備法律常識 / 馬靜如著. -- 二
版. -- 臺北市：貓頭鷹出版：家庭傳媒城邦
分公司發行，2018.04
　　面；　公分
　　ISBN 978-986-262-348-0（平裝）

1.勞動法規　2.論述分析

556.84　　　　　　　　　　　　107003783

上班不囧——職場必備法律常識 YA1109X

（勞基法新制上路最新修訂版）

作　　　者　馬靜如
選 書 人　謝宜英
特約主編　莊雪珠
責任編輯　張瑞芳
校　　　對　馬靜如、莊雪珠、魏秋綢、謝宜英
版面構成　歐陽碧智
封面設計　李東記
總 編 輯　謝宜英
行銷業務　鄭詠文、陳昱甄

出 版 者　貓頭鷹出版
發 行 人　凃玉雲
發　　　行　英屬蓋曼群島商家庭傳媒股份有限公司城邦分公司
　　　　　　104台北市中山區民生東路二段141號11樓
城邦讀書花園：www.cite.com.tw
購書服務信箱：service@readingclub.com.tw
購書服務專線：02-25007718～9（週一至週五上午09:30-12:00；下午13:30-17:00）
24小時傳真專線：02-25001990～1
香港發行所　城邦（香港）出版集□／電話：852-28778606／傳真：852-25789337
馬新發行所　城邦（馬新）出版集團／電話：603-90563833／傳真：603-90576622
印 製 廠　成陽印刷股份有限公司
初　　　版　2016年4月
二　　　版　2018年4月
定　　　價　新台幣360元／港幣120元
I S B N　978-986-262-348-0

讀者意見信箱　owl@cph.com.tw
投稿信箱　owl.book@gmail.com
貓頭鷹知識網　http://www.owls.tw
貓頭鷹臉書　facebook.com/owlpublishing/
歡迎上網訂購；大量團購請洽專線02-25007696轉2729

作者版稅全數捐贈「台北市瑞安扶輪社生命橋樑公益基金」